新潮新書

太田 肇
OHTA Hajime

日本人の承認欲求

テレワークがさらした深層

947

新潮社

日本人の承認欲求　テレワークがさらした深層◆目次

序章　テレワークの普及を阻む、最大の「壁」

「日本的な働き方」のナゾを解く、二つのキーワード

最初に、三つの現象に注目してほしい。

【現象①】職場ではおとなしく影の薄かった社員が、テレワークになってからミーティングでも堂々と発言するようになり、見違えるほど存在感が増した。

【現象②】恒常的な残業や休暇の取りにくさに象徴される、日本人の長時間労働を解消することは長年の課題だった。それがコロナ下のテレワークで急速に改善された。

【現象③】にもかかわらずコロナの感染が下火になるやいなや、多くの日本企業は待ち

構えていたようにテレワークから出社勤務へ切り替えた。

ここにあげた三つの現象はいずれもコロナ禍の影響で広がったテレワークと、承認欲求の日本的な特徴が交差することによって表れたものだ。

もちろん原因はそれだけでないし、承認欲求は人の心にあるものなので影響の大きさを定量的に確かめることは難しい。しかし意識調査の結果やインタビューなどから、こうした現象が起きた背景をつぎのように推し量ることができる。

①周囲の目に敏感で、「負の承認」すなわちダメ出しされたり、注意されたりするのを恐れ萎縮していた人も、テレワークでは周りに人がいないのであまり意識せずにすむようになった。

②上司や同僚の目を気にして（つまり承認を失わないため）自分の仕事を片づけても先に帰れなかったり、休暇取得をためらったりしていたが、テレワークだと周囲の目を気にしなくてよい。そのため仕事のムダを減らし、効率的に働こうとするようになった。

③上司も部下も、職場で互いに顔を合わせていないと承認欲求を十分に満たすことがで

きない。長引くテレワーク生活でそれをひしひしと感じるようになり、自粛が解けるやいなや元の体制に戻そうとした。

承認欲求は①のように人を組織から引き離す力にもなれば、②や③のように引きつける力にもなるのだ。なお、その理由については次章で詳しく説明する。いずれにしろテレワークを阻害するのも、促進するのも、承認欲求がカギになっていることを意味している。

そもそも「テレワーク」と「承認欲求」は、ともに日本人の働き方を語るうえで重要なキーワードである。なお「テレワーク」と「リモートワーク」は厳密にいうと同じではないが、本書では国内で認知度が高い「テレワーク」に統一する。

コロナの蔓延による半ば強制的なテレワークの導入を機に、それまで岩盤のように揺るがなかった日本型雇用制度を見直し、ジョブ型の雇用制度を取り入れようとする気運が急速に高まった。また副業を容認したり、従業員の身分を雇用から業務委託に切り替えたりする企業も目立つようになった。テレワークが日本企業の組織、日本的雇用システムに風穴を開けようとしているのだ。

いっぽう承認欲求は、後ほど説明するように人間にとって「最強」ともいえるほどの力を持つ欲求である。私が企業等で行った実証研究でも、承認されるとモチベーションや自己効力感が高まり、仕事のパフォーマンスも上がることが証明された。また「認められたい」という意識がビジネスや芸術、スポーツなどの成功をもたらす原動力になったことを示すエピソードには事欠かない。ところが日本の企業組織は独特の構造を備えているため、そこで働く社員の承認欲求もまた独特な表れ方をする。

そして、この二つのキーワードを掛け合わせることで、これまで理解できなかった奇妙な現象や人々の不可解な行動が解明できるようになる。冒頭にあげた三つの現象などはその象徴的な例である。さらに、そこを深掘りすれば日本企業が抱えている「組織の病」を取り除く手がかりが得られるし、テレワーク導入を梃子《てこ》にして企業、個人、社会の明るい未来を切り開ける。そして他国には見られない特異な構造のなかに、グローバルな社会で日本人が活躍し、日本企業、日本経済を復活させるカギが隠されている。

そこで、まず二〇二〇年の春、降ってわいたような新型コロナウイルスの蔓延によって突如、テレワーク生活に入った人々の反応から見ていくことにしよう。ここで取り上げる反応の一つひとつが、日本人の承認欲求、日本社会における承認を考えるうえで重要な意味を持っている。それは後ほど明らかにしていく。

テレワーク生活で気づいたこと

コロナ禍が日本人の働き方にどんな影響をもたらすか――

それを明らかにするため、私は所属大学などからの助成を受けながら、二〇二〇年の四月以降、テレワークの普及と並行して変化する企業側と労働者側の声を聞いて回った。

内閣府の調査では、一回目の緊急事態宣言が発令された後の二〇二〇年五月時点で、完全なテレワーク、もしくはテレワーク中心の働き方をしている人が全国で約一七%、東京二三区にかぎれば約三六%にのぼった。

テレワーク導入当初、働く人たちの反応は少々意外だった。

未曾有の危機に直面して右往左往する企業の経営者たちと対照的に、そこで働く社員たちは戸惑いの表情を見せながらも歓迎する本音を隠さなかった。満員電車での「痛勤」から解放されるし、いやな上司と顔を合わせなくてもよい。自宅で働けば仕事の合間にちょっとした用事をこなせるし、ときどき息抜きもできる。通勤時間もなくなるので家事や育児、家族の介護に時間を割きやすくなる。そうした声があちこちから聞こえてきた。入社と同時に会社から自宅待機を命じられた新入社員のなかには、入社後も実家で過ごせるという思わぬ恵みに「ラッキー」と口走る者もいた。

自らの雇用が脅かされるとか、給料が減るといった不安より、テレワーク生活の安楽さを実感する人が少なくなかったのだ。それだけコロナ前のワークライフがキツかったからかもしれないが。

ところがテレワーク生活が当初の想定を超えて長期化していくと、人々の意識も少しずつ変化していった。テレワークを始めて半月ばかりたったころから、なんとなく退屈だとか、物足りないという声があちこちから聞こえてきた。そして在宅勤務が一か月くらい続くと、会社に行きたいという声が明らかに大きくなった。

とりわけ動揺が激しかったのは新入社員である。まともな新人教育を受けていない彼らは戦力にならないため、入社したものの仕事らしい仕事を与えられず、自宅待機が続いた。彼らの孤独感と不安は日を追って強くなっていった。

なかには退屈な時間をやり過ごし、不安を紛らわすため、SNSやゲームなどネットの世界にのめり込む人も少なくなかったようだ。そんななかでも彼らの精神的な支えになったのは、配属先の上司や先輩のサポートよりも同期の仲間たちとのつながりだった。

当時を振り返りながら彼らは、同期生たちとリモートで交わすおしゃべりがいちばんの癒やしだったと語る。

もちろん不安に襲われたのは新入社員だけではない。ベテラン社員も含め、仕事の面でも対人関係の面でも、出社しない日が続くとだんだん自信が持てなくなってきたそうだ。会社に戻ったとき自分の力が通用するか、周囲に受け入れられているのだろうかと。

そして在宅中心のテレワークが二か月、三か月と続くと、たまに出社する日を心待ちにするようになる。原則テレワークに移行した会社では、何かと用事をつくって会社に出てこようとする社員が目についたそうだ。あれほど在宅で仕事をしたいと願っていたのが自分でも嘘のように思え、出社勤務に戻ったいまは会社に行ける幸せを実感していると口にする人もいた。

もっとも、そこには、むしろ家から離れたいという気持ちも含まれていたようだ。一日中、家族と一緒にいると、たとえ仕事をしていても互いに気遣いからストレスがたまってきて、少し離れたいと思うのは自然な感情だろう。皮肉なもので、在宅勤務をしていると家族からの感謝や尊敬が逆に薄れたという声も聞かれる。この経験から私たちは、触れ合う時間が長ければ長いほどよいというわけではなく、多様な集団、広い世界で認められることが必要だということを学んだのではなかろうか。

そしてメンタルにも支障が

やがてテレワーク生活が始まって半年ほどたち、コロナ下ではじめての夏を迎えるころにはがまんが限界に達し、ストレスはピークを迎える。うつ症状などメンタルの不調を訴える人が増えているという調査結果がつぎつぎに発表され、自殺者の増加というショッキングなデータも目にするようになった。コロナ禍と自殺との関係についてはさまざまな解釈がなされているが、コロナの影響が長引くなかで孤立感が増したことが一因になっている可能性は排除できない。É・デュルケーム〈デュルケーム〈宮島喬訳〉『自殺論』中央公論新社、一九八五年）のいう「自己本位的自殺」に近いタイプである。

いっぽう、大学もそのころには授業が軒並みリモートになり、在宅生活を強いられた学生の口からは「毎朝、目が覚めたとき、今日も孤独な一日が始まるのかと思ったら涙が止まらなかった」という声も聞かれた。また友だちとの会話や交流が減るなかで、小学生から大学生までうつ症状が広がったという調査結果もある。

ちなみに野村総合研究所が二〇二一年五月にインターネットで行った調査によると、

二〇代、三〇代のほぼ二人に一人が孤独を感じており、そのうち五割から六割以上が「新型コロナウイルスが流行する前と比較して、孤独を感じることが多くなった」と回答している（野村総合研究所「新型コロナウイルス流行に係る生活の変化と孤独に関する調査報告」）。

パーソル総合研究所が二〇二〇年三月に、テレワークを行っている二〇歳〜五九歳の男女正社員を対象として実施した調査でも、四分の一以上の人が「私は、孤立しているように思う」（二八・八％）、「私には仲間がいない」（二五・四％）と答えている。しかもテレワークの頻度が高くなるほど孤独感も強くなる傾向がみられる（パーソル総合研究所「テレワークにおける不安感・孤独感に関する定量調査」）。

また同研究所と慶應義塾大学　前野隆司研究室が二〇二一年二月に行った調査では、とくに二〇代の正社員で出勤者と比べた疎外感の強さが顕著に表れている（パーソル総合研究所・慶應義塾大学　前野隆司研究室「はたらく人の幸せに関する調査〈続報版〉」）。なお若手社員の疎外感が強く表れているのは、日本の企業社会における承認の構造を考えるうえで重要な意味を持っている。

たしかに毎日自宅で仕事を続ける生活では孤独感が募るのは当然だろう。たとえネットでつながっていても、一人で「内職」をしているようなものかもしれない。

当時の菅総理が内閣官房に「孤独・孤立対策担当室」を設置し、担当する大臣を任命したのは、この問題がいかに深刻かを物語っている。

薄れる管理職の存在感

ただ、同じようにテレワーク生活を送っていても、社内での地位や立場によって受け止め方にかなりの違いがある点には注目すべきである。私たちの耳に届く声の主は非管理職、部下が大半であり、管理職や上司の声はあまり聞こえてこない。

では、彼らがテレワークの影響を受けていないかというと、もちろんそうではない。テレワーク中の社員（部下）から届くつぎのような声は、管理職・上司の内面を照射している。


「上司から以前より頻繁に報告を求められるようになった」

「オンライン・ミーティングがダラダラと際限なく続く」

「勤務時間中は常時ネットをつないでおくように指示された」

「必要がないのに出社を命じられる」

「リモート飲み会の開催を執拗に迫られる」

コロナの蔓延を受けてテレワークの導入が盛んに議論されたころ、企業研修で管理職と非管理職の双方にテレワーク導入の賛否について話し合ってもらった。すると非管理職には賛成派が圧倒的に多かったのに対し、管理職は反対派が多数を占めた。その大半が、仕事に具体的な支障があるからというより、職場の一体感が薄れるとか、まとまりがなくなるといった抽象的な理由である。

上司の立場からすれば、目の前に部下がいないと管理が難しい。まじめに働いているか、間違った仕事をしていないか不安になるのも理解できる。

また大部屋で一緒に仕事をしていると部下どうしの何気ない会話やちょっとした態度の変化も伝わってくる。それによって自分がどれだけ部下に受け入れられているか、自分の指示に対して部下がどう反応するかもわかる。テレワークでは、そうした細かい情報が得られないのである。

それだけではない。テレワークは組織の境界を容易に越える。社外の人とコミュニケーションをとるのは簡単だし、いくらでもネットワークを広げられる。部下は上司の知らない人とつながりを持ち、コントロールできない世界に入っていく。情報のゲートキーパー（門番）としての役割を担ってきた上司の存在感は、それだけ薄れることになる。

しかし、部下の管理だけが不安の種だろうか？

テレワークの浸透によって管理職が受ける、もっと大きな影響がある。管理職がうったえる「管理の難しさ」は、従来のような管理のあり方そのものが問われているとも解釈できる。少なくとも屋上屋を架す組織の階層こそ非効率の原因だという見方もできよう。また、そもそも管理職がこれほどたくさん必要なのかという、従来指摘されていた問題がテレワークを機にあらためてあぶり出されようとしている。

そこでこれを機に、組織の構造やマネジメントの体制を見直す企業も現れてきた。そうなると当然、管理職そのものの地位も脅かされるわけである。

テレワークがもたらすこうした構造的な変化を具体的にイメージしている管理職は、それほど多くないかもしれない。しかし、少なくとも自分たちにとってテレワークがプラスには働かないことを漠然と感じているようである。

社内の勢力図が変わった

暗い面に注目しすぎたかもしれない。

コロナ下の生活で私たちはいろいろと不自由を強いられ、精神的に滅入ることが多かった。しかし、いっぽうでそれは思わぬ恩恵ももたらしてくれた。

最初の緊急事態宣言が出されると不要不急の外出は自粛するよう要請され、やむを得ず外出する際にもマスクを着用するよう求められた。マスクの着用は面倒で息苦しい反面、とくに女性の間からは「化粧を手抜きできるので助かる」とか「昼食後の歯磨きを省略できる」といった意外な声が聞かれた。

さらに、マスクをつけていると表情が見えないので緊張しないという人も少なくなかった。たしかにマスク掛けの人が電車や店のなかで他人に堂々と抗議したり、平気で厚かましい態度をとったりする姿をしばしば見かける。人は自分の正体がわからないと思えば、これだけ大胆な振る舞いができるのかと考えさせられたものだ。

もっともテレワーク中はリモート会議に参加しても、一対一で会話をするときもマスクは外すのが普通だ。ところが、それでも対面のときほどの緊張感はないという。そのためか、つぎのような興味深い現象が見られた。

二〇二〇年度はほとんどの大学も新学期からＺｏｏｍやＴｅａｍｓなどのツールを利用したリモート授業に切り替えられた。例年なら新入生は大半が物怖じし、また互いに牽制し合い、こちらが促してもほとんど発言しない。それがリモートになると、全員が堂々と自分の意見を述べる。ところがコロナ禍が下火になり対面授業に戻ると、例年どおりだれも自分からは発言しなくなる。

いくつかの会社で、つぎのような話も耳にした。体格がよくて声が大きく、周りを威圧するような存在感があった人はリモートになると目立たなくなった。対照的に、それまでおとなしくて影が薄かった人が気後れせずに主張するようになったという。威圧感に影響されることなく、みんなが自分のペースで働けるようになり、一人ひとりの能力や貢献度がはっきり見えるようになったのだ。少し大げさにいうと職場の勢力図まで変わったのである。

日本の弱みを強みに変えられるか

度重なる緊急事態宣言の発令、自粛要請を繰り返しながら二〇二〇年の秋には社会の状況が少しずつ落ち着きを見せてきた。そして多くの会社は、勤務体制を原則テレワークから原則出勤へと戻していった。そのなかには営業やソフト開発など、テレワークでも業務に大きな支障がないと経営者自身が認めているケースも含まれている。やはり、そこには仕事上の必要性を超えた、社会的、心理的なニーズが水面下で強く働いていたことが読み取れる。

しかし、すべてが元どおりにリセットされるわけではない。出社比率が回復してきた職場の状況から、一見すると人々の意識も、行動もコロナ禍の前に戻りつつあるようだが、いちど会社の外の世界を知ったことの意味は大きい。人々の働き方やキャリアに対する考え方は、おそらく元には戻らないだろう。

もう一つ注目したいのは、テレワークの生産性への影響である。コンピュータ・ソフト会社のアドビが二〇二一年四月〜五月に日本と欧米など計七か国の労働者計三四〇四人を対象に行った調査では、「オフィス勤務よりテレワークの方が仕事がはかどりますか？」の質問に、「そう思う」と答えた人はグローバル平均で約七割だったのに対し、日本では四二・八％と最低だった。同様の傾向は、他の調査にも表れている。

日本でテレワークの生産性があがりにくい理由の一つとしてしばしば指摘されているのは、ＩＴ化の遅れなどテレワーク環境が十分整備されていないことである。もう一つの理由は、集団やチーム単位の仕事が多いため、物理的に離れていると仕事に不都合が生じやすいことだ。どちらも納得がいく理由ではある。

しかし、それらの影響を直接裏づけるような証拠はなかなか見当たらない。逆に仕事に必要な情報を伝えるという点にかぎれば、対面よりリモートのほうが優れていることを示唆するような研究もあるくらいだ。むしろ冒頭で述べたような日本特有の組織やマネジメントと承認欲求との絡み合いが、生産性を大きく左右している可能性がある。

第一章では、ここで紹介したテレワーク下のさまざまな現象の背後に承認欲求が潜んでいること、そしてテレワークを推進するうえでそれが大きな障害になっていることを明らかにする。

第二章と第三章では、そこから日本人に特有な承認欲求の表れ方、満たし方を浮き彫りにし、それがテレワークのみならず日本企業の組織改革、働き方改革を妨げたり、ゆがめたりして生産性の向上を阻んでいることを指摘する。

そして第四章では今後の可能性に目を転じ、具体的事例などを参照しながらテレワークがこれまでの殻を破り、承認の質・量ともに高められることを示すとともに、日本特有の弱みを強みとして生かせることを説明したい。

日本人の承認欲求がテレワークの洗礼を受け、どんな運命をたどっていくか見ていこう。

第一章 「テレワークうつ」の正体は承認不足

一 なぜ出社しないと不安になるのか？

奪われた「見えない報酬」

テレワークの限界はどこにあるのか？

コロナ禍でテレワークが導入されて以来、企業側と労働者側の両方からそのことについて議論が重ねられてきた。モノを扱う生産現場や、顧客を相手にする販売業務、窓口業務などのほか、高度なチームワークが要求される商品・製品開発、各種プロジェクト業務、相手の感性にうったえるような質の高いサービスもテレワークに切り替えるのは無理だという声が多い。

たしかにリモートだと、対面に比べて能率や仕事の質が著しく低下する仕事があることは否定できない。しかし仕事の中身を詳細に吟味してみると、工夫すればテレワークでも克服できる部分があんがい多いことがわかる。現に製造や建設の現場、顧客の相談窓口などでも、各種のＩＴツールを使って支障なくこなせるようになった例は珍しくない。グループチャットなどを使えば、最低限のコミュニケーションも維持できる。対面でなければ無理だといわれている理由についても、その多くが決定的なものだとはいえないのだ。

テレワークに切り替えることが困難な理由を深く追究していくと、技術的な問題よりも社会的・心理的な要因が大きな比重を占めていることがわかってきた。そのなかでも働く人にとってテレワークで満たされない大切なもの。それは、ひと言でいうと「刺激」である。

会社に行けば無意識のうちに、さまざまな刺激が得られる。通勤には多少の負担がともなっても、同時に新鮮な空気に触れられ、体を動かせば爽快感が味わえる。職場では同僚や顧客と仕事の話だけでなく世間話や情報交換もできる。その都度、脳は活性化される。

職場で沈んだ顔をしていたら周囲の人が心配して声をかけてくれるし、悩みを打ち明けられる同僚もいる。ときには苦手な人と顔を合わせることもあるが、好意を抱く人に会えば胸がときめく。お客さんからちょっとした感謝の言葉をもらって元気づけられることもある。客から苦情を受けても、上司が後ろからサポートしてくれれば上司への感謝と信頼感が倍増する。

仕事だけではない。昼休みに同僚とランチに行き、休憩時間にスイーツを食べながらおしゃべりをするのもささやかな楽しみだ。帰りにカフェに立ち寄ったり、仲間と居酒屋に入って仕事の鬱憤を晴らしたりしてストレスを解消する人もいる。

いずれも職場に行ってこそ得られるものだ。

ある人は「テレワークをしていると、お金以外の報酬を得ていないむなしさを感じる」と語った。この感覚はまさにポイントをとらえており、テレワークで得られない「刺激」の中身は無形の報酬だといってよい。

在宅勤務経験者に対するインタビュー調査でも、在宅ではあいさつや感謝の言葉、賞賛、言葉かけ、同僚との雑談などの「社会的報酬」が欠けている実態が明らかになっている（辺見佳奈子・山崎哲弘・下崎千代子「コロナ禍における在宅勤務の実態・評価・課題」『日本テレワーク学会誌』第一八巻第一号、二〇二〇年）。

テレワークを始めるまで、私たちは仕事にこうした「無形の報酬」「社会的報酬」が付随していることに気づかなかったのかもしれない。少なくとも、その価値を軽視していたのだろう。いずれにしても、このような報酬のかなりの部分が承認欲求と関わっていて、リアルな世界で得られるさまざまな刺激が承認欲求を満たしているのである。

そのことを納得してもらうため、そもそも承認欲求とはどのようなものかをまず説明しておこう。

誤解・軽視される承認欲求

二、三年前、「承認欲求」という言葉がちょっとした流行語になった。当時グーグルで検索してみると数百万件ヒットし、流行語大賞を受賞した「忖度」などを遥かに上回っていた。
もっとも、承認欲求といえばネガティブなイメージが圧倒的に強かった。コンビニやファストフード店の若い店員が注目されるために、わざと不適切な行為をしてネットにその姿をさらしたり、「インスタ映え」をねらって化粧や服装にムダな時間とお金を使ったりする行動が問題になり、それが承認欲求によるものだと指摘されたのだ。

それ以来、承認欲求といえば、とにかく目立ちたい、注目されたいという欲求だと理解している人が多い。しかし、そうした行動は承認欲求の特殊な表れ方に過ぎない。実際はもっと奥深くて普遍的で、欲求の中身も表れ方も多様性に富んでいる。

心理学者のA・H・マズローによる「欲求階層説」は高等学校の教科書に載るくらい有名だが、そのなかで承認欲求は生理的欲求や安全・安定の欲求などと並んで人間の基本的な欲求の一つに位置づけられている。

マズローは承認欲求について、「人間社会では、すべての人々（少々の病的例外はあるとしても）は通常安定し、基礎の確立した、自己に対する高い評価や自己尊敬、自尊心、他者から尊重されることに対する欲求あるいは欲望をもっている」と述べている（A・H・マズロー〈小口忠彦監訳〉『人間性の心理学』産業能率大学出版部、一九七一年、一〇〇頁）。端的にいえば、承認欲求とは「他人から認められたい、そして自分を価値ある存在だと認めたい」という欲求である。

ただこのような定義はやや抽象的で、必ずしも実証的根拠に裏づけられたものではない。人間の心理そのものに未知の部分が多いうえに、「承認」という言葉自体にもあいまいさがともなう。そのためある程度、抽象的、思弁的にならざるを得ないのである。

もっとも近年は、脳科学の分野から承認欲求の本質に迫ろうとする動きもみられるが、それでも人間の脳の仕組みがすべて解明できない以上、説明できる範囲はかぎられている。

さらに心理学者の間からは、そもそも承認欲求を「欲求」と呼べるか疑問だという指摘もある。食欲や性欲などのように欲求とは本来、人間に生まれつき備わっているものだからである。

たしかに私たちが承認欲求と呼んでいるもののうちには、純粋な欲求とはいいがたいものも含まれている。他人から認められたいという気持ちのなかには、たとえば認められると発言力が増し、自分の要求が通りやすくなるとか、人事評価がよくなり給与が上がるだろうというような計算も紛れ込んでいる場合が多い。

また認められると自己効力感、自己肯定感、自尊心などが高まるほか、承認が達成欲求、自己実現欲求、支配欲といった他の欲求・欲望を満たす手段になる場合もある。つまり別の欲求が、承認欲求の衣をまとっているわけである。それゆえ承認されたいという積極的な形で表れるばかりでなく、承認を失いたくないという消極的な形で表れる場合もある。しかも他の欲求や別の要因と結びついているため、なかなか「足る」ということがない。いろいろな意味で粘着質の欲求だといえよう。

しかし、だからといって純粋な欲求としての要素がまったくないとはいい切れない。たとえば子どもが親に認められたいとか、大人が異性にモテたいと思うのは欲求そのものだろうし、前述したネットへの露出なども比較的ナイーブ(素朴)な欲求の発露である。もっと極端な例をあげれば、そもそも手段と目的の関係を考えられないような乳児やイヌ・ネコのような動物にさえ、ほめられようとする行動が見られるし、ほめてやると満足感を表す場合がある。

無意識に、あるいは屈折した形で表れやすいのも承認欲求の特徴である。私たちは日常生活のさまざまな場面で承認欲求に影響されているケースが多いし、意地や面子《メンツ》、嫉妬などの感情として表れることもある。職場でも自分の頭越しに話が進められたため意地になって反対する人や、部下が活躍して自分の影が薄れるのを恐れる上司の姿などをしばしば目にするものだ。

このように承認欲求はその性格上、厳密な定義が難しく、輪郭も明確でない。そもそも既存の概念が現実を過不足なくとらえているとはかぎらない。むしろ承認欲求とは、そういうものだと考えておいたほうがよさそうだ。しかも複雑な社会現象を説明するうえでは、あまり厳密な定義にこだわらないほうがかえって生産的な場合が多い。

したがって本書では、純粋な欲求のほか、何らかの動機に基づく承認の願望も含め「承認欲求」と呼ぶことにしたい。

承認欲求をこのようにとらえると、私たちが想像する以上に承認欲求は態度や行動に広く関係していることがわかる。承認欲求そのものが、これまであまり重視されず、真正面から取りあげられなかった大きな理由がそのあたりにあるのではなかろうか。

自分を綺麗に映す鏡がほしい

承認欲求のなかで基礎的な部分を占めているのは、「自分自身を知りたい」という願望である。社会的動物である人間は、自分自身の能力や個性に加えて、自分が他人からどう評価されているか、集団のなかでどのように位置づけられているかを知りたいと思う。

そのためには、他人から知らせてもらわなければならない。たとえていうなら自分を映す「鏡」のようなものが必要なのである。しかもグリム童話に出てくる白雪姫の継母ではないが、だれでも自分のできるだけ綺麗な姿を映す「鏡」がほしい。それが承認欲求の特徴だといえよう。

　そして実際に承認欲求を満たしてくれるのが、他人や周囲からの「承認」である。先にあげた職場の例だと、上司からほめられたり、お客さんから感謝されたりといった直接的なもののほか、笑顔で挨拶されるのも、自分の発言に相手が耳を傾けてくれるのも、食事に誘ってくれるのも承認されている証しである。

　さらに承認を自分に関する情報の提供、自分の言動に対するフィードバックととらえるなら、他人からの注意や叱責、クレームといったネガティブな情報も承認の一部だといえる。それ以外にも私たちは職場でさまざまな形による無数のコミュニケーションを行っており、そこから無意識のうちに承認欲求を満たしている。

　なお欲求を満足させるという点からいえば、同じ承認でも意外性からくる刺激はいっそう効果が大きい。たとえば自分の仕事ぶりをたびたび上司や同僚からほめられるより、たまたま会社で出会った他部署の人や、出張先で一緒に食事をした取引先の人にほめられたほうがうれしいものだ。ふだんは厳しい上司が、帰り際に廊下ですれ違ったとき日ごろの努力をねぎらってくれたのが強く印象に残ることもある。

　ところがテレワークだと、このような承認の機会が少なくなることは避けられない。

コロナ下における働く人の心理的ストレス反応の変化を調べた調査では、コロナ禍の影響が長期化するにともない、とくに二〇代の若者や女性で「ほめてもらえる職場」の値が著しく低下していることが明らかになった（ピースマインドが二〇二〇年六月と二〇二一年二月〜三月に実施した調査）。だんだんと「承認不足」を意識する人が増えてきたのである。

リモートでは得られない承認もある

また承認といえば、ほめ言葉や賞賛、感謝の言葉、あるいは微笑み、アイコンタクト、うなずきなど視覚や聴覚をとおして得られるものをイメージするが、それだけではない。私たちは目に見えず、耳に聞こえない情報や刺激によって承認欲求を満たしている可能性もある。その根拠になるような興味深い実験が最近、テレビで紹介された。

実験では被験者数人に同じ曲を二回聴かせた。一回目は人間の耳に聞こえる音だけを流し、二回目は耳に聞こえない超音波音が含まれていた。もちろん、そのことは被験者には知らされていない。ところが曲を聴いた被験者からは、二回目のほうが「体が温まる感じがした」「血の巡りがよくなる」「体全体に余韻が残る」「幸福感が増したような感じがした」といった反応が返ってきたのである。

この実験結果について国立精神・神経医療研究センターの本田学は、超音波音が皮膚から脳に伝えられ、美しさや快さを生み出す報酬系神経回路が活性化されることによって、このような反応が出てきたのではないかと解説している（「ヒューマニエンス～40億年のたくらみ～『〝皮膚〟0番目の脳』」NHK BSプレミアム、二〇二一年三月四日放送）。

人間の目や耳で知覚できなくても脳が反応する刺激のなかには当然、未解明なものもまだたくさん存在するはずだ。たとえば同じ場所にいることで生じる脳の共振のようなものが重要な役割を果たしているかもしれないし、「場の空気」や臨場感などで自分がどれだけ受け入れられているか、評価されているかが伝わってくることもあるだろう。

要するに人間は五感、あるいはそれ以上の感覚を使ってコミュニケーションを行っており、そのなかで意識していなくても承認欲求が満たされるのである。

そこにテレワークの限界があるといえよう。いくら最新のＩＴツールを使っても、わずか十数インチそこそこのパソコン画面だけでは、当然ながら一部の情報しか伝わらない。もっとも、その限界を克服するべく技術開発は日進月歩で進んでいる。ＶＲ（仮想現実）やアバターなどを使って、リモートでも会社にいるような臨場感を持たせるシステムも実用化されつつある。しかし、それでも自分自身がその場に行かない以上、得られない有形無形の情報や刺激は多い。したがって承認欲求も十分には満たされないのである。

テレワークばかり続けていると何となく不安になるとか、ストレスがたまるというのは、目に見えない承認の欠乏が蓄積されたものが原因の一つとして働いているからだと考えられる。

テレワークだと気楽だ、快適だと感じていても、知らず知らずのうちに承認不足を招いていることもある。いや、後述するように気楽さや快適さと欲求不満とは表裏一体だといえる。

さらに、承認欲求にはやっかいな特徴がある。それは欲求を満たせるか否かが、相手の自由意思に依存するということである。

欲求のなかでも俗にいう権力欲や達成欲求、それにマズローの類型では生理的欲求や安全・安定の欲求にしても、自己実現欲求にしても、基本的には独力で充足することができる。それに対して承認欲求はそうはいかない。いくら力ずくで自分を認めさせようとしても、表面上はともかく、心から認めさせることはできない。敬服、敬愛、心服といったタイプの承認がそうだ。

相手が心から認めたのでなければ承認欲求を完全には満たせない。ほしいものはすべて手に入れたように見える絶対君主やワンマン経営者が、最後に人民や社員から愛されようと心を砕くのはそのためである。

そして、欲求を満たせるか否かは相手の意思だけでなく、相手の能力や自分との関係性にも依存する。一般的にいえば、同じ認められるにしても自分の能力や性格をよく理解できる人、自分との関係が深い人に認められるほうが、そうでない人に認められるより承認欲求は高いレベルで満たせる。これもまた承認欲求の他者依存的な性質の表れである。

同期生に会えない不安

ところで同じ承認でも、上司と部下という上下関係における承認と、同僚どうしなど水平方向の承認とは違う意味を持つことにも注意しなければならない。

子どもが友だちとの遊びや共同生活を通して、たくましさと自信をつけていくのと同じように、社会人の場合にも対等な関係のなかでの相互作用を通して自信をつけていくという側面がある。同じ自信でも他人に影響を与えることができている、役立てているという感覚、すなわち「対人的自己効力感」とでも呼べるような自信がつくのだろう。なお承認が自己効力感を高めることは、後述するように実証研究でも明らかになっている。

かつて複数の会社の社長から、「職場にパートタイマーやアルバイトの人がいると新人が辞めない」という話を聞いたことがある。彼らの話や店舗・作業現場での観察から浮かび上がったのは、つぎのような理由だ。

未熟な新人にとって、仕事で他人から頼られたり、感謝されたりする機会は乏しい。ところが職場にパートやアルバイトなど非正規のスタッフがいると、新人でも対等に話せるし、正社員としてパートやアルバイトに指示する立場に立たされる場合もある。すると相手から頼りにされ、感謝される場面も出てくる。ときには「(パートの)〇〇さん、今日は疲れているようだから早く帰ったらいいよ」と声をかけ、相手から「あなたは若いのによく気がつくね」といった言葉が返ってくる。こうした私的な会話をとおして自分の個性や言動に関心を持ってもらえ、それが伝わってくる。些細な承認であっても、不安がいっぱいの新人にとってはそれが貴重なのである。

同じように、対等な関係のなかで承認欲求を満たしてくれるのが同期の仲間だ。例年だと四月の新年度早々には、真新しいスーツに身を包み一目で新入社員だとわかる若者たちが、夕方に連れだって帰宅する姿やカフェでくつろぐ光景を目にする。職場の緊張感を一気に解き放つかのようにリラックスして同期生どうしで会話に花を咲かせている。

そこでは、たとえ口に出さなくても互いに仲間として認め合っている。認め合っているからこそ連れだって行動するし、安心して本音も漏らすのだ。そして他愛のない雑談のなかから、たいへんなのは自分だけではないことを理解し、上司にはどう振る舞えばよいのかといった知恵を身につけていくのである。

後々まで残る「承認不足」のダメージ

すでに述べたように承認欲求は相互作用のなかで満たされる場合が多い。自分が相手を認めると相手は自分を認めてくれるし、自分が認めている相手から認められるといっそう満足が得られる。

ところがコロナ禍でいきなり自宅待機を命じられた新人たちは、同期生と直接コミュニケーションをとることができなかった。ただでさえ新しい環境で不安を抱える彼らにとって、それが不満・不安をいっそう大きくしている。

リクルートがテレワークを経験した二〇二〇年四月入社者と、二〇一九年入社者とを比較した調査（リクルート マネジメント ソリューソンズ「新卒入社1年目オンボーディング実態調査」二〇二一年六月にインターネットで実施）によると、入社一年目に「もっとあったらよかったもの（不足）」として二〇二〇年入社者があげたもののトップが「同期との交流」（四〇・三%）であり、二〇一九年入社者の値（二五・九%）を大きく上回る。

新人の社員にとってはまた、前述したようにパートやアルバイトのスタッフから頼られたり、感謝されたりする日常の承認が重要な役割を果たしているが、コロナ下ではそうした承認の機会も少なくなった。

各種調査の結果からは、いまのところコロナ下で新入社員の離職が顕著に増加したという傾向は見られない。しかし、もしかすると在宅のため就職にともなう環境の激変が避けられ、それが承認不足による不安を相殺した可能性がある。つまり数字には表れなくても、社会人として生きていくうえで必要な最低限の自信と安心感が得られていないことは容易に想像がつく。

それは杞憂でない。全国大学生活協同組合連合会が二〇二一年七月に全国の学生（一年生～四年生の合計七六三七人）に対して行った調査では、コロナ禍の最中に新入生だった二年生に深刻なダメージが残っていることが浮き彫りになった。いわゆる「二年生問題」だ。

たとえば「意欲がわかず、無気力に感じる」「気分の落ち込み」「友人とつながれていない孤独感・不安」「生きていることが嫌だと感じる」「自分の居場所がないと感じた」などの項目で、大学二年生の値が最も高いのである。コロナ禍が二年目に入った二〇二一年の新入生には、大学も社会もそれなりの対策をとるようになったが、二〇二〇年の新入生は新たな環境に適応する大事な時期に彼らを受け入れる体制が整っていなかった。その影響が大学生活二年目を迎えた時期にも尾を引いているのである。

人生においては節目、節目の時期に必要な承認がある。たとえば乳幼児の時期に親から十分な愛情と無条件の承認を受けないと、その後の人生に影響が残るといわれる。入社時に十分な承認を受けられなかった社員たちにも、学生たちと同じようなダメージが残っているとしたら重大な問題だ。

すぐに廃れた「リモート飲み会」

ところで、コロナ下において流行ったものの一つに「リモート飲み会」がある。

いわゆる「飲みニケーション」は日本の伝統的なコミュニケーション文化の一つだが、コロナ下ではそれができない。そこで苦肉の策として思いついたのが「リモート飲み会」であり、テレワークが広がった二〇二〇年の春から夏ごろにかけて流行した。職場のメンバーや仲間どうしが、自宅で思い思いの飲み物やおつまみを用意し、パソコン画面の前で飲みながら語り合うという趣向だ。最初は不自然だからと抵抗していた人たちからも、やってみたら「意外と悪くない」という感想が聞かれた。リアルな飲み会と違って時間を気にせずに飲めるし、上司や先輩に酌をしなくてもよいなどと歓迎する人も多かった。

ところが、やがて若者の間からは「退屈だ」「盛り上がらない」という声が聞かれるようになり、流行の波はあっという間に引いていった。一年もたつと「リモート飲み会」という言葉じたいが死語になった感がある。

そのいっぽう、緊急事態宣言やまん延防止等重点措置が出され、飲食店ではアルコールの提供を控えるよう要請されているにもかかわらず、要請を守らずに酒を出す店には客が殺到し、ふだん以上の賑わいを見せていた。さらに店で飲めなければ外でとばかりに、自動販売機の前でたむろし、賑やかに談笑しながら「路上飲み」をする姿が絶えなかった。「路上飲み」で盛り上がる若者たちのなかには羽目を外して大声で騒いだり、奇抜なかっこうでパフォーマンスをして見せたりして顰蹙《ひんしゅく》を買う者もいた。

それがハロウィンの行き過ぎた路上パフォーマンスや、成人式での乱行と地続きだということを考えても、事の善し悪しは別にして、承認欲求を満たすうえで必要なものは何かを考えるヒントが得られる。

なぜ、自信が失われたのか

リモート生活がもたらした承認不足の根は深い。以下、その深みに迫ってみよう。

先に紹介したように、出社しない日が続くと仕事や人間関係に自信が持てなくなったという人がいる。それもまた、とりわけ日本の若者にとって職場における周囲からの承認が必要なことを物語っている。

子どもや若者を対象にした各種意識調査の結果をみると、日本の若者の自己評価や自己効力感が他国に比べて低いことがわかる。なおここでいう「自己効力感」とは環境を効果的にコントロールできているという感覚、平たくいうと「やればできる」という自信である。

たとえば内閣府が二〇一八年に日本、韓国、アメリカ、イギリス、ドイツ、フランス、スウェーデン計七か国の一三歳〜二九歳の男女を対象に行った調査の結果をみると、「私は、自分自身に満足している」（四五・一％＝そう思う＋どちらかといえばそう思う。以下同じ）、「自分には長所があると感じている」（六二・二％）、「自分の親から愛されている（大切にされている）と思う」（七九・〇％）、「自分の考えをはっきり相手に伝えることができる」（四六・三％）という回答の割合はいずれも日本が七か国のなかで最低である。

自己評価や自己効力感が高ければ、つまり自信があれば高い目標にも挑戦しようという意欲がわく。

では、その自己評価や自己効力感を高めるには何が必要か？

最も大切なのは成功体験である。成功するだけの力があると自分で確認できるからである。しかし日本人の場合、それだけでは十分といえないようだ。たとえばアメリカでは能力の高さを示す外的な成功によって自己効力感が得られるのに対し、日本では達成するだけでなく社会的に承認されてはじめて自己効力感が得られるという（波多野誼余夫・稲垣佳世子『無気力の心理学』中央公論社、一九八一年）。日本人の場合、自分の力を確かめる基準が自分の外にある人が多いということなのだろう。

承認が自己効力感を高めることを裏づけるエビデンスがある。

二〇〇九年から二〇一〇年にかけて私は、複数の企業で従業員を対象に承認がもたらす効果について実証研究を行った。二〜三か月間、上司から部下を意識的に承認、すなわちほめたり認めたりしてもらい、承認された部下と承認されなかった部下の間にどのような差が表れるかを見たのである。すると上司から承認された部下は、承認されなかった部下に比べて自己効力感が高くなることが統計的に証明された（太田肇『承認とモチベーション――実証されたその効果』同文舘出版、二〇一一年）。

そして自己効力感が高まり、「やればできる」という自信がつけば、目標に対して前向きに挑戦するようになる。あるいは少々失敗してもくじけずに努力し続ける。その結果、成績も上がるはずだ。そのことを裏づけるために行ったのがつぎの研究である。

大手保険会社の営業職六六六人を対象として二〇一二年に行った研究では、三八の事業所を二グループに分け、片方のグループだけ上司が部下の仕事や行動を意識的に承認した。取り組み開始時点では両グループの営業成績（一人あたりの平均月間契約件数）に差がなかったが、取り組みを始めて三か月後には意識的に承認したグループの成績が、他方のグループの成績を顕著に上回った（太田肇『子どもが伸びる ほめる子育て――データと実例が教えるツボ』筑摩書房、二〇一三年、三七―三九、一九七―一九八頁）。

承認が自己効力感を高めるだけでなく、仕事の成績も上げることが明らかになったのである。そして成果が上がればほめられるのでさらなる自信につながり、いっそう前向きな姿勢で仕事に取り組む。それによってさらに成果も上がるという好循環が形成されると考えられる。

なお複数企業における実証研究では、承認によって挑戦意欲、組織への貢献意欲、組織に対する一体感、評価・処遇への満足度、評価に対する信頼感なども高まることが明らかになっている（前掲、太田、二〇一一年）。

このように承認は、個人と組織の双方にとって有益な効果をもたらしているといえる。ただ同じ承認でも、対面で行われるのと、リモートで行われるのとでは効果に違いがあると考えられる。前述したように、対面ではリモートに比べてはるかに多くのコミュニケーションが交わされ、そのなかには上司、同僚、顧客などからのほめ言葉や感謝の言葉も含まれている。さらに相手の態度や仕草などから、自分がどれだけ認められているかが伝わってくる場合もある。職場で日常的に得られる多様な形の承認が、知らず知らずのうちに自信をもたらしているのである。

逆にいうと、対面からテレワークへの移行によって承認される機会が減れば、社員にとってはもちろん、企業にとってもマイナスになる可能性が高いことを意味する。

さらに、ほんとうの自信をつけるためには承認の「量」だけでなく「質」が大切である。そのことを少し違う角度から説明しよう。

リモートだと緊張しないワケ

すでに述べたように、テレワーク経験者がしばしば口にするのが「気楽さ」である。またテレワークは対面と違って緊張しないし、ストレスを感じないともいわれる。リモート講義やリモート会議だと対面ほどプレッシャーを感じないので、ふだん発言しない人が堂々と意見をいうようになった。

その理由は、対面の場合に比べて情報の交流がかぎられているからである。リモート会議では、発言するときに周りの視線を感じない。また対面と違って表情の微妙な変化、手の震えなどを相手に覚られなくてすむし、相手の感情の起伏もはっきりと伝わってこない。そして見られたくない部分は画面の外に出すことができるし、いざとなったら画面をオフにすればよい。

とくに日本の職場では仕事の分担が不明確で集団的な業務が多く、場の空気やあうんの呼吸で仕事が進められるため、互いに相手が発する微妙な情報に対して敏感に反応する。したがってリモートだと不都合が生じやすい反面、煩わしさからも逃れられるわけである。

マスクを掛けていると気楽だというのも、本質的な理由はリモートと同じだ。

人間の感情は口元に多く表れる。とくに会話をしていると感情を隠すのが難しい。そのためマスクを掛けていると自分の感情を他人に読み取られない。感情だけでなく個人を識別する情報も与えないので偶然知人と出会っても、ときには気づかないふりができるし、面識がなければ匿名で会話をすることもできる。

コロナ禍がまだ広がる前の二〇一九年初頭、役所の窓口で職員がマスクを掛けることの是非について、ちょっとした論争が起きた。インフルエンザ予防など公衆衛生上の理由からマスクを掛けたがる職員がいるいっぽう、市民からはマスクを掛けて応対するのは失礼だという声が上がったのだ。

公衆衛生上の理由が第一であることは事実だろうが、一般企業でも客の前ではマスクを掛けたいという社員が少なくなかった。窓口業務や単純な接客の仕事は、できるだけ人格から切り離して機械的にこなしたいものだ。個人の感情を商品として売る「感情労働」(A・R・ホックシールド〈石川准・室伏亜希訳〉『管理される心——感情が商品になるとき』世界思想社、二〇〇〇年)への抵抗ともいえる。

このようにテレワークもマスク掛けも、自分が見せたくない部分を隠して適当に自己アピールできるので都合がよい。実際にテレワーク用に画像映りをよくするアイテムや、マスクで隠さない目元や眉の魅力を強調する化粧品が人気を集めた。それは切り詰めた生活を送り、つらい日々を過ごしながらインスタグラムに晴れ姿をアップしたり、ユーチューブに自慢の動画を投稿したりするのと通じるところがある。

自分の見せたい部分だけを見せて認めてもらうというのは手軽だし、背伸びもできる。そして自分の一部しか見せていないのだから、批判されても人格的に傷つくことがない。そのため若者をはじめとする多くの人が、このような「部分的承認」を求めるようになる。

「気楽さ」と「物足りなさ」は表裏一体

しかし、そこに盲点がある。

たしかに短期的には、見せたいところだけ見せ、認めてもらうという部分的承認は都合がよいし、手軽に承認欲求を満たせる。ただ、そこで承認されているのはあくまでも自分のごく一部分であり、自分そのものではないのだ。

そもそも個人の人格、パーソナリティというものは、その人の長所も短所も含めた全体として成り立っている。だからこそ「個人」のことを英語でindividual、すなわちこれ以上分割できない単位というわけである。

アメリカなどでは新型コロナウイルスが猛威を振るっている最中でも、マスクをつけることを拒否する人が多かった。なぜ感染のリスクを冒してまでマスクを拒否するのか理解に苦しむ人が多いかもしれないが、彼らにとってはマスクで口元を隠しながら社交することは、個人のアイデンティティを損なう重大問題なのである。リモートにしても、マスク掛けにしても、そこで隠れているのは一部分だが、人間を一つのパーソナリティとしてとらえた場合、見えない部分には面積の比率を遥かに上回る大切なものが覆い隠されているといえよう。

個人主義の思想がそれほど広く定着していない日本では、そこまで個人のアイデンティティにこだわる人は多くない。しかし丸ごとの自分を認められているか、自分の一部分だけを認められているかは、いわば実存的な問題であり、人の精神面に大きな差をもたらす。たとえばカウンセリングではクライアントに自己開示、すなわち自分自身の個人的な情報をありのまま話させることが重視される。ありのままの自分を包み隠さず話すなかで自分自身について深く知ることができ、それが自信にもつながる。また丸ごとの自分が受け入れられたら、互いの信頼関係も深まる。

職場の「飲みニケーション」や合宿研修も、飲んで素の自分をさらけ出したり、合宿で寝食を共にしたりすることで、仲間から受け入れられているという安心感が得られる。実際に若手社員の合宿研修に講師として参加していると、一泊しただけで彼らの態度がガラッと変わり、リラックスし積極的に発言するようになるのをたびたび目にする。日帰りの研修を一週間続けた以上の変わりようだ。彼らに聞いてみると一晩中、恋愛遍歴の話題で盛り上がっていたとか、互いに包み隠さず身の上話に花を咲かせていたというような例が少なくない。「自己開示」が自然と行われていたわけである。

要するに人間には背伸びをしたい、自分のよいところを見せて認められたいという欲望があるいっぽうで、ありのままの自分を丸ごと認めてほしいという欲求もあるのだ。後者を満たすにはリモートだと限界があるといえよう。

そもそも緊張感やストレスはある面で承認欲求と深く関わっていて、緊張感やストレスを感じない環境では承認欲求も十分に満たされないのが普通だ。ドキドキしない代わりにワクワクもしないのである。そしてコロナ下でテレワークが続くと、仕事や人間関係などに自信が持てなくなってきたとか、孤独感を覚える人やメンタルに不調をきたす人が増えてきたとかいうのも、無意識のなかで承認欲求の大切な部分が満たされていなかったからだと考えられる。

承認とメンタルヘルスの関係について、裏付けとなる研究もある。

慢性疾患患者のストレスと自己効力感の関係についての先行研究では、自己効力感の高い人は低い人よりストレスが低く、うつ状態や不安が少ない傾向がみられた（鈴木伸一「ストレス管理」坂野雄二・前田基成編著『セルフ・エフィカシーの臨床心理学』北大路書房、二〇〇二年）。また自己効力感がバーンアウト（燃え尽き）の抑止に効果があるという先行研究もある（久保真人『バーンアウトの心理学――燃え尽き症候群とは』サイエンス社、二〇〇四年）。そして、他人からの承認が自己効力感を高めることも明らかになっている（小野公一「働く人々の生きがい感の構造について――看護師のデータに拠る分析の試み」亜細亜大学経営学会『経営論集』第四二巻第一・二号、二〇〇七年　ならびに前掲、太田、二〇一一年）。

要するにテレワークによって承認される機会が減ると自己効力感が低下し、それがメンタルの不調をもたらす原因になっていると考えても不自然ではなかろう。

葛藤の背後にある「承認欲求の呪縛」

ところで、ここに表れた「隠したい」という気持ちと「認められたい」という気持ちの葛藤は、テレワークへの向き合い方にまで関わる重要な意味を持っている。少し長くなるが、大事なポイントなので詳しく説明しよう。

人には承認欲求があり、他人から認められることを願う。ところがいったん認められると、その承認を失いたくないと思うようになる。一般に同じものでも獲得するときの価値より、失うときの価値のほうが大きく感じられるからである。そのため、無意識のうちに承認欲求にとらわれるようになるのだ（太田肇『「承認欲求」の呪縛』新潮社、二〇一九年）。

上司に信頼されて責任ある仕事を任されたのが負担になり、体調を崩した例や、社内表彰を受けた人が期待に応えなければならないというプレッシャーからつぎつぎに退職していったケースなどはその典型だ。そこには後述するような、日本企業特有の濃密な人間関係や期待の重みを下ろしにくい空気も働いていると考えられる。とりわけ日本人に多いまじめで几帳面な「メランコリー親和型」の人がストレスを招きやすいという研究もある（岩田一哲『職場のストレスとそのマネジメント――ストレス蓄積の過程に注目して』創成社、二〇一八年）。

周囲の人が残っていると帰りづらいとか、上司がよい顔をしないので休暇が取りづらいという気持ちの背景にも、自分の評価を下げたり、がっかりさせたりすることへの恐れがある。テレワークなら、そうした無用なプレッシャーを感じなくてもよいので仕事に集中できる。対面では消極的で目立たなかった社員が、リモートでは堂々と発言するようになったのも同じ理由である。もっといえば、リモートでは化粧や服装にも対面の場合ほど気を遣わなくてもよい。要するに、リモートなら気が楽なのだ。先にリモートやマスク掛けは好きなところだけアピールできることを指摘したが、同時に「守り」の面でもリモートは都合がよいのである。

すなわちテレワークを望む背景には、自分の内面にある「承認欲求の呪縛」から逃れたいという意識が働いている可能性がある。しかし、かりに以前からテレワークが制度化されていて自分の意思でそれを選択できたとしても、自らテレワークを始めることは、周りが残っていても先に帰ったり、上司がよい顔をしなくても休暇を取ったりするのと同じように難しい。周囲の人の気を悪くしないか心配になるからである。その意味でも、コロナ禍による半強制的なテレワークの実施は好都合だったといえよう。

ついでにいえば、コロナ禍による各種行事の中止や冠婚葬祭の簡素化も、承認欲求のしがらみを断ちたいという心理がいくらかは後押ししているように思える。

ところがテレワークを続けていくうちに、だんだんと職場で味わったストレスの記憶が薄れ、「承認欲求の呪縛」が解かれてくる。いっぽうで「認められたい」という積極的な承認願望が大きくなる。同じ承認欲求でも会社（内実は上司や同僚）から離れたいという気持ちと、会社に行きたいという気持ちが正反対の方向に表れ、双方のバランスが変化して後者が前者を上回るようになるのだ。

考えてみれば、それは必然的だといえよう。なぜなら離れたいという気持ちの原因になっている「呪縛」は、承認を失いたくないという心の中の承認欲求に基づくものだからである。理屈としては、会社から「離れたい」という気持ちが強い人ほど会社に「行きたい」という気持ちも強いわけであり、承認欲求が捨てられないものである以上、最終的には「行きたい」という気持ちが「離れたい」という気持ちを凌駕するはずである。

このように考えれば、会社に「行きたい」という感情だけでなく、会社から「離れたい」という感情のなかにも、テレワークの限界を究明する上で大切な要素が隠れている可能性がありそうだ。

以上、少しずつ角度を変えながら私たちがいかにリアルな場での承認に依存しているか、逆にいえばリモートで代替することが難しいかを述べてきた。

さて、少し話を戻せば、一つの大きな疑問が浮かぶ。人間の欲求は日本人も外国人も大差がないはずなのに、なぜ日本でこのような問題が深刻化するのか。

それは追って説明することにして、まずは視点を上司、管理職のほうに移してみよう。

部下が見えない上司の憂鬱

ここまで、比較的年齢が若く、社会人としての経験も少ない人たちの声に耳を傾けてきた。そこに表れた承認欲求は、どちらかというとナイーブなものである。

すでに述べたとおり承認は自分を映す「鏡」にたとえられる。最初は自分の実像を映すだけで満足できていたのが、だんだんとそれだけでは物足りなくなる。そして、より美しい自分の姿を目にしたくなる。それと並行して承認欲求の中身も徐々に変化していく。ベテラン社員になると、丸ごとの自分を認められるだけでは不十分なのだ。

また部下や後輩ができてくると自分を見る周囲の目も厳しくなるので、認められないと恥ずかしいとか、惨めだという感情も強くなる。

しかも前述したとおり承認には他の欲求を満たす効果があり、認められるとさまざまな利得も付随する。たとえば周りから一目置かれると発言力が増すので支配欲が満たされるし、認められたら自分が成し遂げたことの価値を実感できるので達成欲求や自己実現欲求も満たされる。さらに承認が人事評価に結びつけば、地位や金銭が付いてくるのでいっそう承認にこだわるようになる。

その意味では純粋な欲求というより「欲望」に近づいていくのかもしれない。

部下を持つ人たちの声やデータからは、それが垣間見える。

緊急事態宣言後、新たに週四日以上のテレワークを実施した人を対象に行われた調査では、管理職と非管理職（一般職）の間に意識のズレがあることがわかる。テレワーク中に不安を感じた点として管理職は、「部下の業務推進」（五〇・〇％）、「部下とのコミュニケーション」（四九・三％）が一、二位を占める。いっぽう非管理職は「同僚との連携」（五一・〇％）、「自身の業務推進」（四八・〇％）が一、二位で、「上司とのコミュニケーション」（四〇・七％）は八位にあがっているに過ぎない（総合人材サービス企業のアデコが二〇二〇年七月に管理職・一般職それぞれ三〇〇人に行った調査）。部下よりも上司のほうが、相手を気にしている様子がうかがえる。

またテレワーク実施後ほぼ一年たってから行われた別の調査では、長期化するテレワークで部下とのコミュニケーションにストレスや悩みが「かなり増えた」または「増えた」という回答が四〇・一％で、「かなり減った」または「減った」という回答の九・五％を大きく上回っている。そして、増加した理由として第一位にあがったのが「部下との距離感」（六二・九％）だった（ダイヤモンド・コンサルティングオフィスが二〇二一年五月に行った調査。管理職五三九人の複数回答）。

こうした調査結果からは、テレワークで部下が目の前にいない管理職の不安やストレスが伝わってくる。現場で管理職に聞き取りをしても、ほぼ同様の声が聞かれる。

ところがコロナ禍以前からテレワークを取り入れている欧米企業のマネジャーから、

このような声はまったくといってよいほど聞かれないという。部下がいる、いないに関係なくテレワーク生活に満足しているように見える。

こうした違いについて、もっとも説得力のある説明はつぎのようなものだろう。

欧米では職務主義が徹底されているので、一人ひとりの役割・責任が職務記述書(job description)に明記されている。したがって役割を果たしているか否か、だけを定期的にチェックすればよい。それに対し日本では一人ひとりの分担が明確でなく、上司と部下が協力して行うような仕事が多い。上司がちょっとした用事を部下に頼むこともある。そのためテレワークで部下が目の前にいないと仕事に不都合が生じるし、部下がサボっていないか、仕事が順調に進んでいるかどうかが気になるのだ。

要するに日本の会社は集団主義で仕事の分担が明確になっていないから、テレワークだと仕事や管理に支障が出るというわけである。ちなみにコロナ禍よりずっと前に行われた研究では、同じ日本企業でも集団主義的な企業のほうが、個人主義的な企業よりテレワークの導入に消極的なことが明らかになっている（下﨑千代子「テレワークと日本的人事システム変革の適合と矛盾」『国民経済雑誌』第一八四巻第一号、二〇〇一年）。

たしかに日本特有の働き方が、上司の不安やストレスの大きな原因であることは間違いなさそうだ。しかし、それだけだろうか？　自他共に納得するその理由の背後に、別の理由が隠れていないだろうか？

仕切りがないオフィスへのこだわり

興味深い事実がある。グローバル企業の多くは世界共通の職制、人事制度を取り入れており、日本支社でも欧米と同じように個人の分担が明確に決められている。ところがオフィスを見学すると、はっきりとした違いが目に入る。海外では管理職は個室で仕事をするのが普通であり、非管理職のデスクもパーティションで仕切られているのに対し、日本では管理職も大部屋で、デスクも仕切りがないか、あっても高さの低いところが多い。

理由を尋ねると、主に管理職が「大部屋、仕切りなし」を望むからだという。そしてコロナ禍以前から、日本ではテレワークの導入に賛成しない管理職が多いという話がよく聞かれた。

ところがコロナが蔓延したため、感染対策として日本でもオフィスに仕切りを設ける企業が増えていると聞いた。日本企業もようやく変わってきたかと思い、さっそくオフィスを覗いてみた。すると、たしかに一人ずつ仕切られている。しかし仕切りは透明のアクリル板だ。これならウイルスの侵入は防げるが、視線は防げない。視線を遮らないことはそれほど大切なのか、と思わず苦笑してしまった。

大部屋で仕切りのないオフィスでは、上司が部下の仕事ぶりを常にチェックできる。そのため部下は、上司の視線や言動をいつも気にしていなければならない。取るに足らないひと言や、表情、態度、服装、身なりの変化にも部下は耳を傾け、注目する。それが上司の承認欲求を満たしてくれるのだ。

大部屋で働きたがる上司は、よい上司か?

さらに日本では管理職が個室に入らず、大部屋で部下と一緒に仕事をすると、オープンマインドで部下とのコミュニケーションを大切にする民主的な管理職だと評価される。しかし当然ながら、部下と机を並べて仕事をしているからといって、上下関係がなくなるわけではない。近くにいることで、自分の偉さや存在感をいっそう周囲に示すことができる。

この点について少し敷衍するなら、さまざまな形で階級社会の歴史を引きずる欧米では、職場においても非公式な上下関係にはことさら敏感だ。たとえば管理職の個室を廃止しようとすると、日本とは逆に「監視されながら仕事をするのはごめんだ」という社員の反対に遭うという。

また日本では管理職も現場の労働者も同じ食堂を利用するのが普通だが、ヨーロッパではホワイトカラーと現場労働者が一緒に食事をとることはまずありえない。以前、イタリアの自動車メーカーを見学したとき、工場の片隅に集まって昼食をとる労働者たちに、「なぜ食堂を利用しないのか」と聞いてみた。すると「あいつらと一緒に食事をするのはごめんだ」という答えが返ってきた。人格的な上下関係を受け入れない彼らの誇りを感じたものだ。

要するに「大部屋、仕切りなし」、おまけに仕事の分担が不明確で部下が上司に依存するという日本の職場は、上司の承認欲求が自然に満たされる構造になっているのである。しかも世間では、それが平等主義的だとか、民主的だとか評価されるのだから、上司にとってはいっそうありがたい。

テレワークは、そのような環境を一変させてしまう。自分に注目し、自分の言葉に耳を傾けてくれる部下が目の前にいなくなったのだ。仕事帰りに立ち寄るバーや居酒屋での飲食も職場の延長で承認欲求を満たす場だったが、それもなくなった。おまけにコロナ禍で忘年会や新年会、歓送迎会、創立記念パーティといった会社の年中行事も軒並み中止に追い込まれ、管理職にとっての晴れ舞台がなくなってしまった。

それだけではない。テレワークでは組織の物理的な壁がなく上司の監視の目も届きにくいので、部下は外部とのコミュニケーションがとりやすい。仕事を離れた勉強会や情報交換会にリモートで参加する機会も増え、社外にネットワークができてくる。ちょっと困ったことや知りたいことがあれば、外部の友人に聞けばよい。その結果、少しずつ会社や上司との距離が広がり、上司は以前ほど部下に頼られなくなる。それは承認欲求を考えるうえで重要な意味を持っている。

管理職特有の承認欲求とは

このように上司、管理職の承認欲求は、先に見た部下や一般社員のそれとはかなり性格が違う。単に自分の存在をありのまま認められたいというだけでなく、「自分をよく見せたい」「尊敬されたい」という気持ちが表に出てきていることがわかる。

あまり言及されないが、マズローは承認欲求を二種類に分けている。一つは「強さ、業績、妥当性、熟練、資格、世の中に対して示す自信、独立と自由に対する欲望」であり、もう一つは「他者から受ける尊敬とか尊重と定義できるいわゆる評判とか名声、地位、他者に対する優勢、他者からの関心や注意、自分の重要度、あるいは他者からの理解に対する欲望」である（前掲、マズロー、一〇〇頁）。

前述したような承認欲求の性質からしても、それをまた明確に二分することは容易でないが、前者は最終的に充足できるか否かが自分自身にかかっているのに対し、後者は他者との比較や他者からの評価が基準になっている。その意味で後者のほうが他者への依存性が高いといえよう。

いずれにしてもこの分類は重要であり、以下では前者を「自尊の欲求」、後者を「尊敬の欲求」と呼ぶことにしたい。

先に紹介したような各種意識調査の結果やエピソードから、管理職になると「自尊の欲求」に加え、「尊敬の欲求」が職場で強く表れるようになっていることがわかる。そして「尊敬」とか「偉い」という言葉が表すように、そこでも全人格としての承認が強く求められているわけである。

そのいっぽう、承認欲求のなかでもとくに「尊敬の欲求」を実際に満たせるかどうかは相手の意思に依存するという、欲求の特徴もまたいっそう鮮明になった。さらに上司は自分の上司からも認められる必要があり、そのためにも部下から認められリーダーとしての資格があることを示さなければならない。それだけにテレワークが上司や管理職の承認、ならびに承認欲求に与える影響は、部下や一般社員以上に大きいという見方もできるだろう。

二　テレワークで気づいた会社の存在感

日本人にとって「会社で認められる」意味は

ここまで、テレワーク下で私たちが経験したさまざまな出来事が、実は承認欲求と深く関わっていることを説明してきた。テレワークでは十分に満たされないもの。その本質は承認欲求、とりわけ「丸ごとの自分を認めてもらいたい」という個人の実存に関わる欲求である。

いまではＩＴなど最新技術を駆使し、工夫を凝らせば大半の仕事がリモートでこなせるようになってきた。しかもワークライフバランスの向上、経済性などテレワークのほうが有利な点は多い。それでも人間そのものに焦点を当てれば、テレワークでは取って代われないものが存在するのである。

つぎに注目すべき点は、それが日本人の置かれている環境と深く関わっているということだ。

その環境とは、「会社」というものの存在感である。

コロナ下でテレワークを始めた多くの人たちは、物理的にも人間関係の面でも会社共同体から切り離された。それによって社員は経済的な面だけでなく、社会的、心理的にもどれだけ会社に依存していたかを実感したのではなかろうか。それは、とりわけ日本人にとって会社という組織が圧倒的な存在感をもっているからである。

その理由を説明しよう。

社員の視点から会社を見ると、そこには二つの顔がある。

社会学では集団を大きく二つのタイプに分類する。一つは、家族やムラなど自然発生的で情によって結びつく「基礎集団」。もう一つは、特定の目的を達成するために結集する「目的集団」である。F・テンニースの「ゲマインシャフト」と「ゲゼルシャフト」、R・M・マッキーバーの「コミュニティ」と「アソシエーション」などの分類もおおむねそれに相当する。

この分類にしたがうなら会社は典型的な目的集団であり、個人は労働力を提供して報酬を得るというドライな関係で会社とつながっているはずだ。実際に欧米諸国はもちろん中国や東南アジアの国々でも、そのように割り切っている人が多い。手当なしで働くサービス残業などはあり得ないし、権利としての休暇はめいっぱい取り、条件のよい職場が見つかれば迷いなく転職する。

いっぽう日本の会社は目的集団でありながら、基礎集団としての性格も併せ持っている。いったん正社員として採用されたら、「会社の一員」としての身分を獲得し、会社に対する無限定の忠誠や貢献と引き替えに、将来にわたって安定した収入と生活が約束された。「メンバーシップ型」（濱口桂一郎『ジョブ型雇用社会とは何か——正社員体制の矛盾と転機』岩波書店、二〇二一年）雇用と称されるゆえんである。ただ約束といっても明文化されたものではなく、「心理的契約」と呼ばれるように暗黙の了解である。けれども単なる口約束ではなく、社会的に履行が半ば強制された約束だといえる。そのため企業の存立が危ういなど正当な理由がない場合、いわゆる「解雇権乱用の法理」によって裁判で解雇は無効とされるケースが多い。

このように目的集団でありながら基礎集団、すなわち共同体としての性格を併せ持つ日本の組織を私は「共同体型組織」と呼んでいる（太田肇『同調圧力の正体』ＰＨＰ研究所、二〇二一年）。なお「共同体」は本来「コミュニティ」とほぼ同義語だが、本書ではコミュニティよりも閉鎖的で運命共同体的な性格の強い集団を「共同体」と呼ぶことにする。

企業組織が共同体としての性格を併せ持つのは必ずしも日本特有ではなく、厳密にいえば欧米など海外の企業組織にも共同体としての側面はみられる。したがって程度の差だという見方があるかもしれない。しかし職務主義の有無など雇用制度の違い、生涯転職回数の極端な差、各種労働関係法令、それに職業別・産業別労働組合か企業別労働組合かという違いなどをみても、そこには「程度の差」で片づけられない質的な差があることが読み取れる。

能力・個性が認められる唯一の場所

共同体型組織の構造的な特徴としてあげられるのは、つぎの三点である。

第一に、閉鎖的なこと。

「終身雇用は崩壊した」といわれるようになって久しい。しかし大多数の企業ではいまなお定年までを見据えた長期的な雇用関係が想定されており、中途採用の比率も諸外国に比べてはるかに低い。その結果、会社の利害と社員の利害が一致する運命共同体のようになり、人間関係も社内に閉ざされがちだ。そのため社員は組織の外に対して団結するいっぽう、内部では競争関係になりやすい。

第二に、メンバーが同質的なこと。

社員の採用に当たっては学歴や人間性などのほか、応募者がいわゆる社風に合うかどうかが重要な判断材料になる。そして採用後は長期にわたって社内で「純粋培養」されるので、経歴、価値観、それに考え方や行動様式なども自ずと似通ってくる。「金太郎飴」と揶揄されるようになるのはそのためだ。

第三に、個人が組織や集団に溶け込んでおり、一人ひとりの仕事内容や役割、責任が明確でないこと。

社員に対して、ときには共同体のために無際限、無定量の貢献が求められる。いっぽうで社員は、その見返りとして共同体の一員であるかぎり組織が庇護してくれるという安心感を得られる。

このような共同体型組織が形成されたのには、戦後の復興、それに高度経済成長という時代背景が関わっている。当時は企業にとって大量の労働力を安定的に確保する必要があったし、労働者にとってもまだ経済的に十分豊かだとはいえず、社会的インフラも整っていなかった。そのなかでは「丸抱え」の恩恵が大きかったのだ。

共同体型組織では、内と外とを隔てる分厚い社会的な壁ができる。そして、いったん社員になると安定した雇用と収入が保障され、独身寮や社宅、退職金、企業年金、各種手当など手厚い福利厚生によって会社が社員の生活全体を包み込む。逆にいうと会社の外の世界と深く関わる機会も、必要性も小さいことを意味する。その結果、社員にとっては実質上、会社が自分の能力や個性を発揮し、認められる唯一の場となる。少なくとも会社という存在が圧倒的な比重を占めるわけである。

共同体は、その維持と安定を何より優先するので、メンバーは仕事の能力だけでなく人柄や対人関係などを含め全人格的に評価される。そのため役職を中心にした社内の序列は単なる役割の上下関係にとどまらず、全人格的な序列、すなわち「偉さ」の序列という性格を帯びてくる。

このような環境のなかに置かれた社員は、自然とその環境に合った価値観を抱くようになる。社員の側からすると、会社は単に働いて給料をもらう場ではなく、情緒的な満足も味わう場である。だからこそ、社員にとって社内での承認がきわめて重要なのである。

いっぽう欧米では、会社は「働いて収入を得る場所」と割り切り、情緒的な満足は社外の家庭やコミュニティのなかで味わおうとしている人が多い。そのため会社の人間関係のなかで積極的に承認欲求を満たそうという意識は比較的薄い。

同じような傾向は、東南アジアや中国など欧米以外の地域でもみられる。現地に進出した日本企業のマネジャーからは、つぎのような話を聞く。部下がよい仕事をしたり、がんばったりしたときにほめると、「だったら給料を上げてくれ」といわれるそうだ。評価したのだから給料を上げるのが当然だというのが彼らの言い分である。日本人と違って、少なくとも職場では、公式の人事評価や処遇と切り離した承認などあり得ないということなのだろう。

こうしてみると日本人の会社に対する関わり方は、他国の人たちと比べてもかなり特異であり、会社に対していわば全人格的に関与し、会社のなかで全人格的に評価（なお、ここでいう「評価」は人事評価よりはるかに広い意味である）される。前述したように人間にとって丸ごとの自分を承認されることが必要だが、日本人にとってはその場が会社なのである。

日本の企業人は社外に友人がいない

日本人のなかでもビジネスの世界に身を置く人にとって、会社がいかに重要で、かつ閉ざされた社会か。それを確かめるため、ビジネスの世界で成功を収めた人に注目してみることにした。企業人（ビジネスパーソン）としてキャリアを築いていくなかで、彼らの関心と交際範囲がほんとうに閉ざされたものだったかどうかを見極めるためだ。

主だった企業人がたくさん登場する代表的なメディアといえば、日本経済新聞があげられる。その朝刊に、「交遊抄」というコラムがある。各界の著名人や社会的地位のある人物が、親交のある人との交遊を随筆風に紹介するスタイルをとっている。

コラムの趣旨に照らせば社内の人間関係は対象にならないため、彼らが親交のある相手として紹介するのは社外の人にかぎられる。したがって、成功した企業人がどのような人と親交があるかを見ることで、彼らの関心と交際範囲を推測することができると考えたのだ。対象は本書の執筆に取りかかる前の一年間（二〇二〇年六月〜二〇二一年五月）

に登場した人物のうち、起業家や経営幹部などの企業人、一四四人である。

するとー年間に登場した企業人一四四人のうち、なんと四五％にあたる六五人が学生時代の友人をあげていた。社会人生活の期間は学生時代の数倍から一〇倍近くに及ぶにもかかわらず、社会に出てから知遇を得た人との交遊をあげる人は半分強しかいないのである。さまざまな事情から、比較的差し障りのない旧友を紹介したのかもしれないし、同級生・同窓生にこれだけ偉い人がいると自慢したいために選んだ可能性もある。しかし、それらを割り引いても、企業人の交友関係が外部にさほど開かれていないことがうかがえる。裏を返せば、それだけ社内の人間関係が大きなウエイトを占めていることを物語っているといえよう。

それは、つぎの調査結果ともかなり整合する。

住友生命保険は二〇一六年七月に全国のビジネスパーソン男女各五〇〇人を対象として、「ビジネスパーソンと〝ネットワーク〟」調査を行った。その結果をみると、「あなたが持っているネットワークは次のうちどれですか」という質問に対し、「社内の人達（同僚・上司・部下や他部門の人達）」をあげる人が六〇・七％とダントツで、二位の二倍以上に達する（複数回答）。

興味深いのは社外の同業種、異業種の人たちや地域の人たちをあげる人はいずれも二〇年前に比べて減少していることである。経済的、社会的、技術的にはグローバル化が進んでいるにもかかわらず、意外にも日本人の人間関係はむしろ社内に閉ざされる傾向が強まっているのである。

会社は「見せびらかし」の場

「交遊抄」を分析すると、もう一つ興味深い特徴がみえてきた。

ＡＩ（人工知能）を使って文章を解析し、単語の出現頻度や出現傾向などを分析する「テキストマイニング」という手法がある。最近テレビの報道番組などで見かける、大きさの異なる単語が一見ランダムに並んだ画面は、その手法を用いたものだ。

「交遊抄」に掲載された企業人一四四名の文章をテキストマイニングのソフト（ユーザーローカル）に掛け、どんな単語がたくさん登場するかを調べた。執筆者自身が交遊相手としてどのような人物を取り上げるかを見れば、そこに彼らの価値観が表出されると考えたからである。

その結果、用いられた名詞のなかで最もスコアの高いのが「社長」だった。「社長」

は出現頻度も「君」に次ぐ二位である。ちなみに「社長」以外の肩書きや職業は、一五位までのランクに入っていない。

執筆者自身の社会的地位からすると、交遊相手に社長がたくさん登場するのは不自然ではない。しかし前述したように交遊相手の半数近くは学生時代からの友人や知人である。そのなかで「社長」がこれだけ多く登場するのは、やはり執筆者が意識的に「社長」を選んだと想像される。なかにはわずかな接点しかない著名な社長を持ち出して「虎の威を借る」人もいる。いずれにしてもそれだけ執筆者が「社長」という地位に大きな価値を置いていることの表れではなかろうか。

すでに述べたように日本の会社には共同体的な側面があり、役職の序列は単なる役割の上下関係にとどまらず、「偉さ」すなわち人格的な序列の色彩を帯びている。欧米のようなプロフェッショナルとしての経営者、マネジャーではなく、経営者も管理職も大半が内部昇進であるだけになおさらだ。したがって前述した「尊敬の欲求」を満たすうえで、「出世」は絶対的な重みを持っている。少なくともかつては持っていたのである。

それだけではない。閉鎖的な共同体のなかでは、かぎられた役職をめぐって競争になる。かりに部の数が五つしかなければ五人しか部長になれないし、社長になれるのは一人である。そして賞賛や評判もまた基本的には「ゼロサム」（総量が決まっていて差し引きゼロになること）の原理にしたがう。すなわち日の当たる人の陰には必ず日の当たらない人がいるのである。

そのため出世した人はトーナメントの勝者であり、周囲から実力と人格が認められると同時にうらやましがられる。たとえていうなら会社は観客がいる競技場のようなものだ。しかも競技場なら観客は自由に退場することができるが、会社だとそうはいかない。社員は半ば強制的に成功者の姿を見せつけられるわけである。そのような環境のなかで、出世した人は自分の「偉さ」を見せびらかし、承認欲求を満たすことができる。

そう考えたら、管理職が大部屋で仕切りのないオフィスを好むのも、会議の削減や効率化を渋るのも、職場の飲み会に積極的なのも、そしてテレワークを出社勤務に戻したがるのも納得がいくだろう。

管理職もまた、マネジャーとして役割を果たしていると認められるだけでは十分でなく、リーダーとして人間的に尊敬されていると肌で実感できることが必要なのである。その欲求を満たすのに、日本の会社組織ほど恵まれた環境はなかったといえよう。

第二章　「見せびらかし」文化の罪

一　やる気の原動力は「見せびらかし」？

役職ポストの威光

前章でみたように共同体の性格を併せ持つ日本の会社は、社員にとって自分を全人格的に承認してくれる貴重な場である。とりわけ管理職の場合、その地位によって「尊敬の欲求」も満たせる。

共同体型組織のなかでは、役職の序列はたんなる権限の序列にとどまらず、「偉さ」の序列でもある。そして、その序列が持つ意味は社内だけでなく社外、プライベートな世界にまで及ぶ。それを象徴するようなエピソードには事欠かない。

たとえば二〇年ほど前まで、巷ではつぎのような俗っぽい話が真顔で語られたものだ。

「息子（娘）の結婚式までは何としても部長のままでいたい」

「出世しないと夫婦げんかをしたとき馬鹿にされるし、子どもがいうことを聞かなくなる」

また会社のOB会や学校の同窓会には、だんだんと出世した者ばかりが参加するようになり、昔話を肴に成功の美酒を味わって、満足感、優越感に浸る。会社とは無関係なPTAや町内会も、会社や役所で出世した人が役員に就くようお膳立てされていて、彼らの名誉欲をくすぐる場になっている。

近年は人々の意識が変わり、世間の慣行も薄れてきた。とはいえ、役職ポストの威光は隠然とした力を保ち続けている。

当然ながら出世した人にとっては、自分の「偉さ」を見せつけられるこれらの場は居心地がよく、それが生きがいや働きがいにもなる。

明治時代以来の立身出世主義のもとでは、出世と承認欲求がいっそう強く結びついてきた。実在の人物をモデルにした柏原兵三の芥川賞小説『徳山道助の帰郷』は、「故郷に錦を飾る」式の英雄譚や伝統的日本人の出世観の背後にあるリアルな心情を赤裸々に描写している。

主人公の徳山道助は大分県の山間にある農家に生まれ、刻苦勉励して陸軍中将の地位に就いた。功成り名を遂げた彼が帰郷に際して過去を振り返る、つぎのような一節がある。

「自分は栄進を重ねるたびに、何か事があるたびに、故郷の人々は何と思っているだろうか、何といっているだろうか、と絶えず思った。考えてみるとそれが自分の人生の張合であった。帰郷する時、自分は自分の晴れがましい姿を故郷の人々に見せて、人々が讃嘆し、あの道助どんがと囁きあうさまを心ひそかに楽しむという誘惑に囚われないではいられなかった。自分がかつて色々な理由をもうけてあんなにも屢々帰郷したのは、きっとそのためであったのだ。自分は自分の晴れがましい姿を故郷の山河にさえ見せようと思っていたのだ」（柏原兵三『徳山道助の帰郷／殉愛』講談社、二〇〇三年、四六頁）

時代背景こそ現在とは大きく異なるものの、組織のなかで築いた地位を世間に見せつけて「尊敬の欲求」を満たそうとする本質的な部分は、今日の官僚や企業人にも受け継がれているはずだ。違っているとすれば、後述するように「出世」の基準が多少変化しているとや、欲求の表れ方がマイルドになっていることくらいではなかろうか。

なお小説のなかでは「見せる」と表現されているが、「心ひそかに楽しむ」さまを第三者の目でとらえるなら「見せびらかす」と言い替えてもよいだろう。

「見せびらかす」ための競争

「見せびらかす」行為といえば、文化人類学の分野でよく知られているのが、北アメリカの太平洋岸に住む先住民の間に伝わる「ポトラッチ」という習慣だ。彼らは自分の財産を派手に消費し、他人からの贈与を受けたら、それ以上の返礼をする。自分の富や度胸、気前のよさを見せびらかし、社会的な地位の高さを誇るのである（M・モース〈有地亨訳〉『贈与論』勁草書房、一九六二年）。

またアメリカの経済学者であり社会学者としても知られたT・ヴェブレンは、一九世紀末における有閑階級の人々の消費行動に注目し、彼らが財力を顕示するため必要性に乏しい奢侈を行う「顕示的消費」について論じた（T・ヴェブレン〈高哲男訳〉『有閑階級の理論』筑摩書房、一九九八年）。今日の社会でその例をあげるなら、巨万の富を築いた人が宇宙旅行に挑戦する話や、当選する見込みのない公職の選挙に高額の供託金を納めて立候補するケースなどが当てはまるのではなかろうか。

自分の獲得した富を見せびらかし、「尊敬の欲求」を満たそうとするのは、ある意味で自然な行為だといえよう。問題は、人間の欲望がそこにとどまらないことである。ヴェブレンは、つぎのように指摘している。

「当初はたんなる能率の証拠と見なされていた富の所有が、大衆の理解においては、それ自体で賞賛に値する行為になってくる」（同上、四〇頁）。「私的所有権の体制の下で、誰の目にも分かるように目的を達成する最も手近な手段は、財の獲得と蓄積によって与えられるものである。そして、人間と人間との自己中心的な対立関係がはっきり意識されてくるにつれて、秀《すぐ》れた業績を求める性向――製作者本能――は、ますます金銭的に秀れた業績を達成するという点で他人を凌ぐための努力へと、姿を変えてゆく傾向がある」（同上、四四―四五頁）

これが、「手段の目的化」「目的と手段の転倒」といわれる現象である。閉鎖的・同質的な社会では、評価尺度が固定化されるので、そのような現象がいっそう起きやすい。

代表的なものに学歴や大学の偏差値がある。経済学の人的資本論では、教育を将来の所得を増やすための投資ととらえる。その考え方からすると、高い学歴、偏差値の高い学校を目指して努力するのは将来、経済的に豊かな生活を送るためだということになる。日本でも表向きはそういわれている。

ところが意外なことに日本は「学歴社会」といわれるにもかかわらず、客観的なデータによれば学歴の社会経済効用はアメリカなどに比べると大きくない（石田浩「学歴と社会経済的地位の達成」『社会学評論』第四〇巻第三号、一九八九年）。そして青少年自身も学歴にそれほど実利的なメリットがあるとは考えていないようだ。

かなり古い調査だが一八歳から二四歳の青少年を対象にした内閣府の「第七回 世界青年意識調査」（二〇〇三年）の結果を見ると、社会に出て成功するのに重要なものとして「学歴」をあげる日本人は九・一％にすぎず、アメリカ（四八・一％）、ドイツ（四一・八％）、スウェーデン（三三・〇％）などに比べてはるかに少ない。また大学を卒業した人は主にどんな点から評価されると思うかという質問に対する回答は、「大学でどのような専門分野を学んだかということ」が四五・七％を占めるいっぽう「一流大学を出ているかどうかということ」は一七・一％にとどまっている。

要するに日本では、学歴や偏差値の実質的な価値はそれほど大きくなく、しかもそのことは競争の参加者自身にも理解されているのである。にもかかわらずより高い学歴、より偏差値の高い学校を目指して懸命に努力するのは、それじたいがシンボルとしての価値を持っていることを意味する。

全国の受験生が同じ条件のもとで競争したなかで、より狭き門をくぐって合格した者は優秀な人物だと見なされるわけである。しかも世間では偏差値の高い学校に合格した者は「頭がよい」と見なされているだけに、人格の根幹に近い承認が得られる。したがって、そこで獲得された学歴は「見せびらかす」ためのものとしての性格がきわめて強いといえよう。

トーナメント型の出世競争についても同じことがいえる。企業人や官僚として出世した人、高い地位に就いた人は、能力や実績、権力の象徴である地位を見せびらかすことで承認欲求を満たそうとする。しかも日本の会社や役所では人格的にも円満で信頼できることが昇進の要件になるため、地位は人格的要素も帯びる。それだけに高い地位はいっそう魅力的であり、しばしば地位を獲得して尊敬されることじたいが目的化する。先に紹介した『徳山道助の帰郷』の主人公は、けっして例外的な存在ではないのだ。

こうした承認欲求の独り歩きは、若者がインスタグラムに写真をアップするため、わざわざ高額な化粧品を買ったり、たいして興味もないのに海外旅行へ出かけたりするのと同じだといえなくもない。ちなみにいわゆる「インスタ映え」「ＳＮＳ映え」のために全国で年間七七〇〇億円もの追加消費が行われているという分析結果がある（山口真一・佐相宏明・青木志保子「「インスタ映え（ＳＮＳ映え）」の経済効果に関する実証分析」GLOCOM, Discussion Paper, No.13, 2019. 3）。後にも述べるが、承認欲求の独り歩きが組織と社会にどれだけ膨大なムダをもたらしているかわからない。

理性で制御できない、肥大化した承認欲求

興味深いのは「見せびらかし」がしばしば、その人の地位と不釣り合いなほど俗っぽく、幼稚な形で行われることだ。肥大化した承認欲求が理性を麻痺させるのだろう。そして、そもそも「見せびらかす」ためには俗界に足を入れることが必要なのだ。

たとえば日本のサラリーマン社会につきものの宴会や接待は、純粋に飲んで騒いで楽しむだけでなく、「偉さ」を見せびらかす場でもある。

座敷で膝をつき合わせて酒を酌み交わす和風の宴席は、大部屋で仕切りのないオフィ

スと同じように、地位の高い人が対等な場に降りる。そうすることで「偉さ」をまざまざと見せつけられる。現在の地位の差を印象づけるため、わざと世俗的な話題や共に苦労した時代の話を持ち出す人もいる。

部下にしてみれば、いくら無礼講だといっても上役には敬意を示さないといけないし、自慢話に内心は辟易していても、上司の言葉には耳を傾けないといけない。同じ場を共有することで、逆に「違い」を印象づけられるのだ。

接待の場合、見せびらかしはいっそうストレートになる。

二〇二〇年から二一年にかけて、政府はコロナ禍で不要不急の外出や飲酒をともなう会食を控えるよう国民に呼びかけた。そんなさなかに総務省、農林水産省などの官僚が民間企業からたびたび接待を受けていたことが明るみに出て、世間の顰蹙を買った。こんなご時世に、しかも国家公務員倫理法に違反するような接待を多くの官僚たちはなぜ受けてしまったのか？

曲がりなりにもエリートと称される人たちが、まさか他人のお金で飲食できることに惹かれたわけではなかろうし、誘われたから断れないという理由があったとしても、発覚して処分されるリスクと照らし合わせるとあまりに不釣り合いだ。あくまでも推測の域を出ないが、接待慣れし自尊心をくすぐる手管を持ち合わせた人たちを前にして、自分たちの「偉さ」を見せびらかす快感が理性のブレーキを外してしまったのではなかろうか。

背後では、民主党政権下で進められた政治主導によって官僚が表舞台に立つ機会が減ったことや、地方分権一括法で地方自治体に対して権力を誇示できなくなったことなどが遠因として働いているかもしれない。つまり仕事のうえで満たせなくなった承認欲求が、接待という治外法権のような場に流出していたとしても不思議ではない。

子どものころから激しい受験競争を勝ち抜いて官僚になり、細かい序列人事の中を生きてきた人が「偉さ」に敏感なのはある意味で当然だ。そして、その「偉さ」を見せびらかしたいという衝動に駆られても無理はなかろう。

もちろん、見せびらかしたいのは官僚だけではない。政治家が支援者の前で大言壮語し、ぶら下がりの記者にリップサービスしすぎて墓穴を掘るのも、著名人がテレビ出演で調子に乗って舌禍を引き起こすのも、肥大化した承認欲求が招いた「悲劇」だといえよう。

リスクを冒してでも見せびらかしたいという欲求の強さは、アングラの世界ではもっと露骨に表れる。芸能人やスポーツ選手がコロナ下で「接待をともなう飲食店」に出入りしていたとして問題になったが、なぜ素性がばれるような振る舞いをしたのかと素直な疑問を抱く人もいるはずだ。ところが、ここでも承認欲求がリスク回避のブレーキを外してしまう。芸能人やビジネス界の著名人などは、そうした店への出入りを知られたくないはずなのに、自ら「オレ、だれか知ってる？」と店員に聞いてくるという。「知らない」と答えると不機嫌な顔をするそうだ。

不倫の密会現場を週刊誌にスクープされる有名人も、隠そうと思えばもっと用心深く行動できるはずなのに、やはり見せびらかしたいという衝動に勝てないのだろう。

いずれにしても忘れてならないのは、企業人や官僚の場合、見せびらかすもの、すなわち「偉さ」の基準が組織そのものの威信に加えて、組織のなかでの地位だということである。それだけ彼らにとって組織内の序列は絶対的なのだ。だからこそ獲得した地位への執着は強く、後に述べるようにしばしば組織を蝕んだり、社会をゆがめたりする。

二　「働き方改革」と生産性向上の足を引っ張る承認欲求

上司の目がないと〝やる気〟が出ない

日本人は会社という共同体型組織のなかで承認欲求を満たそうとする。ところが、すでにみたようにテレワークはそれを困難にする。テレワークでは承認欲求が部分的にしか満たされない。日本人社員の独特な意識と行動様式はテレワークと相性がよくないのだ。

序章で述べたとおりテレワーク生活を続けるうちに疎外感やストレスをうったえる人が増え、いっぽうでは上司による過剰な管理も目立つようになってきた。そしてコロナ禍が落ち着きを見せるや否や、テレワークを撤回する動きも表れてきた。

その相性の悪さは、生産性の面にも暗い影を落とす。

アドビが二〇二〇年に、日米の労働者それぞれ約一〇〇〇人を対象として行った調査の結果には、生産性への影響についてアメリカと日本との差が鮮明に表れている。アメリカでは在宅勤務後もそれまでと同等またはそれ以上に生産性が上がったという回答が七七％を占めるのに対し、日本では「在宅勤務は生産性が下がる」（四三％）という回答が、「生産性が上がる」（二一％）という回答の二倍に達する（「ＣＯＶＩＤ－19禍における生産性と在宅勤務に関する調査」）。

当然ながら生産性を左右する要因はたくさんある。たとえば在宅での執務環境に日米で差があることや、アメリカでは一人ひとり仕事の分担が明確なのに対し、日本では不明確で集団単位の仕事が多いことなども関係しているだろう。

それらと並んで、社員のモチベーション低下が生産性の足を引っ張る一因となっていると考えても不自然ではない。すでに述べたようにテレワークで承認欲求を満たす機会が減れば当然、モチベーションが低下するはずだ。とくに開発、営業といった非定型的な業務では、モチベーションの低下が生産性にマイナスの影響を及ぼしやすいと考えられる。自らも在宅勤務をしている営業部門のマネジャーは、「在宅の〝まったり〟とした空気のなかにいると、部下はタフな交渉に臨もうという気力がわかないようだ」と口にする。

実際に承認の有無が生産性を左右することは、前章で紹介した研究結果でも明らかになっている。

ではテレワークをやめて対面に戻せばよいのか？

結論を先にいうと、対面に戻せばモチベーションの「床」はできるが「天井」も残る。つまり短期的には社員の意欲も生産性も多少は回復するかもしれないが、長期的には低落の道を転がり続けることを覚悟しなければならない。

そこで少し長期的な視点から、「天井」のほうに注目してみよう。

認められるための残業？

社員の承認欲求が働き方改革や仕事の効率性、企業の生産性をしばしば阻害するのは、テレワークにかぎった話ではない。そもそもコロナ禍のもとで緊急避難的に導入されたテレワークは、共同体型組織と承認欲求の関係から生じる問題を表面化させたに過ぎないのだ。実際、少し視野を広げてみると両者の関係が、いろいろなところで問題を引き起こしていることがわかる。その根本的な原因がどこにあるかについては後述するとして、ここでは具体的な問題を取りあげてみよう。

少なくとも二〇二〇年春にコロナの感染が蔓延する前まで、日本人の年次有給休暇取得率はほぼ五割程度で推移してきた。つまり与えられた休暇の半分は労働者が捨ててきたわけである。ちなみに欧米では比較的取得率の低いアメリカでも七割程度、欧州諸国は一〇〇％近く取得する。また日本人の年間総労働時間も短縮の必要性が叫ばれながら、正社員についてはコロナ禍が訪れるまで主要国のなかで突出して長い状態が続いてきた。その大きな要因が恒常的な残業の存在である。

欧米に比べて年休取得率が低いことや、残業が恒常的に行われていることについては、いくつかの原因が指摘されている。たとえば欧米諸国のなかには取得しなかった休暇を会社が買い取るよう法律で義務づけているところがあるし、以前から企業が時期を指定して休暇を取得させている国も多い。また日本では雇用調整が難しいので、代わりに残業で労働投入量を調整せざるを得ないという事情もある。

しかし、それだけでない。労働政策研究・研修機構が二〇一〇年に行った調査（「年次有給休暇の取得に関する調査」）では有給休暇を残す理由について聞いている。結果をみると、「休むと職場の他の人に迷惑になるから」「職場の周囲の人が取らないので年休が取りにくいから」「上司がいい顔をしないから」という回答が上位にあがっている。また同機構が二〇〇五年に実施した調査（「働き方の現状と意識に関するアンケート調査」）では所定労働時間を超えて働く理由について聞いているが、一〇・三％の人が「上司や仲間が残業しているので、先に帰りづらいから」と回答している。いわゆる「つきあい残業」である。

注目してほしいのは、わが国では有給休暇を残しても買い取られないし、時間外労働賃金の割増率も欧米に比べて低い（欧米など海外ではおおむね五〇％以上であるのに対し、わが国では二五％以上）ということである。さらに手当が支払われない「サービス残業」が半ば公然と行われているのも周知の事実である。

初歩的な経済学が想定している人間像は、金銭的利益が最大限になるよう効率的に行動する「経済人」である。経済人なら休暇を残しても買い取ってもらえなければ残さず取得するはずだ。また時間外労働賃金の割増率が低く、ましてやサービス残業のように手当が支払われなければ残業はできるだけ避けようとするだろう。

ところが多くの日本人は強制されなくても休暇を残し、当たり前のように残業をする。そこからは「経済人」とは異質な人間像が浮かび上がってくる。彼らは休暇を残し、少ない手当か無給で残業することで会社に自らの労働を献上する。ただ、それは純粋な愛社精神や勤勉さの表れなどではなく、見返りに会社や上司・同僚から承認を得ようとしていると考えられる。金銭の代わりに承認を受け取っているという見方もできる。実際、いくら仕事ができても休暇をめいっぱい取得し、まったく残業をしない人は奇異な目で見られたり、陰口をたたかれたりすることがある。人事評価に響く可能性もある。

それだけ共同体のメンバーにとって、共同体のなかで承認されること（あるいは承認を失わないこと）が重要なわけである。

このような視点から考えても、超過的な貢献や忠誠心をアピールしづらいテレワークや裁量労働制、ワーケーションなどが思うように普及しないのは納得がいく（全社員いっせいに導入するなら話は別だが）。

根強い役職ポストへの執着

もう一つ、社員の承認欲求が業務の効率化を妨げている象徴的なものがある。それは役職ポストへの執着である。前章で述べたように役職ポストは共同体のなかで唯一、堂々と見せびらかすことができる「偉さ」のシンボルである。伝統的な大企業や銀行、役所などではとくに「偉さ」の序列が厳しく、机の大きさや会議の席順はもちろん、会議室への入退室、名刺交換の順番なども細かな序列にしたがうことが求められる。リモート会議では、参加者の画面も役職順に並べなければならないという。

だからこそ、これらの組織では役職への執着にはいっそう根強いものがある。

いわゆる団塊の世代が「管理職適齢期」を迎えようとする一九八〇年前後に、多くの会社では社員のモラール（士気）を維持するため、仕事上の必要性とは無関係に役職ポストを乱造した。部長、課長といったライン管理職のほかに、次長、課長代理、課長補佐、調査役、主任といった、役割もはっきりしない役職がたくさんつくられた。社長、会長を退いた人に相談役とか顧問といった肩書きをつけている会社も多い。ちなみに経済産業省が二〇一六年東証第一部・第二部上場企業を対象に行った調査によると、相談役・顧問の制度がある企業が八一％で、そのうちほぼ半数の企業では現に在任している。

なかには特定の人を処遇するため、わざわざ新しい役職を設けるケースまである。そもそも組織のなかでは、個人の欲求を満たすため、適当な理由をでっち上げて制度をつくるのは必ずしも珍しいことではない。

しかし経営環境が変化するとともにそのムダが指摘されるようになり、役職ポストの削減をともなう組織のスリム化、フラット化が叫ばれるようになった。ところが役職ポストを削減すると、役職者は給与や役職手当など報酬面で不利益を被るだけでなく、「偉さ」のシンボルを失うことになる。そのため役職に就いている人だけでなく、将来の役職予備軍も巻き込んだ激しい抵抗が起きた。もっとも、単なる既得権擁護と受け取られては社内外から支持が得られない。そこで持ち出されたのが、「管理職を削減すると残った管理職の負担がいっそう増える」とか「管理職が減れば部下の教育・指導に手が回らなくなる」といった反対の大義名分だ。

ところが実際に組織をスリム化・フラット化し、役職ポストを削減した企業でそうした問題が表面化したケースは少ないといわれる。ほんとうの反対理由が別にあったことをうかがわせる。

社員の役職に対するこだわりがいかに強いかを物語る、つぎのようなエピソードも残っている。

役職者でふくれあがった頭でっかちな組織を変えようと、かつて多くの企業では役職から資格への意識改革に力を入れた。なお社内の「資格」はもともと「○○を行う資格がある」という意味であり、建前上は職務遂行能力のランクを表す。一級、二級とか参事、参与といった名称が用いられ、部長、課長といった役職に就かなくてもランクに応じた給与が支払われる仕組みである。

しかし資格の名称は社会的通用性が低いので、社員は役職にこだわり続ける。そこで、ある大企業では一計を案じ、役職と資格を入れ替えて、資格に「○長」というような社会的通用性のある名称を用いることにした。すると、ねらいどおり社員が資格を重視するようになったそうである（別の理由からすぐに撤回されたが）。

これはかなり以前のケースだが、社員の役職や肩書きに対するこだわりがいまでもなくなったわけではない。組織改革の一環として役職を廃止する話になると必ずといってよいほど反対に遭うし、役職名ではなく「さん」付けで呼ぶことを提案しても管理職の多くが難色を示すという。

ムダがムダを呼ぶ本末転倒の連鎖

ただ考えようによっては、役職や肩書きがほしいからそれを残すのならまだよい。より弊害が大きいのは、それを正当化する本末転倒が起きることだ。古い体質が残る大企業や役所では新たに役職を設け、後付けで新たな仕事をつくるとか、意思決定のシステムを曲げるようなことが現実に行われている。

いわゆる稟議制やハンコ文化はそこから派生するもので、部下を呼び寄せて説明させ、捺印するプロセスは管理職の権力を見せつける機会になっている。

また会議では上司が自分の存在感を示すためムダな発言がなされたり、長広舌をふるわれたりして、会議の時間が長くなるといった問題も起きている。しかも日本では会議が純粋な意思決定の場ではなく情報共有や意見聴取の場にもなっているので、関係者は全員参加が求められ、議事に関係がなくても中途で退出できない。そして会議で上司が恥をかかないため、膨大な資料を用意させられる。当然ながら部下には余分な仕事の負担がかかり、意欲と生産性が低下することにつながる。

ムダはそれだけにとどまらない。肥大化した管理職層は重要な仕事は手放さないいっぽうで、部下の仕事には必要以上に口を出し、部下の意欲を奪ったり、成長を妨げたりする。

このように承認欲求に基づく隠れた動機が仕事の効率性・生産性向上と背馳するような方向へ組織を動かし、ムダがムダを呼ぶ本末転倒の連鎖が延々と続いていく。

三　承認の相互依存がゆがめる人事

「近くにいる者ほど評価される」という法則

ここでまた少し視点を変え、承認欲求の独特な性質に注目してみよう。

第一章で述べたように承認欲求は自力だけでは充足することができず、相手の自由意思に依存するという受動的な性質がある。テレワークで出社しないと不安になるという理由には、そうした承認欲求の性質も関わっていると考えられる。

いくら仕事ができても、それを評価するのは上司である。とくにテレワークの場合、仕事ぶりが周囲から見えにくいので、仕事の出来不出来は上司に評価されるか否かにかかっているといってもよい。しかも日本企業では仕事の分担が不明確なので一人ひとりの成果を捕捉しにくく、そのぶん評価者の感情や利害関係が評価に入り込みやすい。

それを裏づけるデータがある。日本企業と欧米企業のホワイトカラーを対象として二〇〇一年に行われたある調査（回答数計一四〇六）によると、感じのよい部下に対して「甘い人事評価をつけることはない」という回答は欧米企業で七五％、日本企業で二九％、逆に「甘い人事評価をつけることがある」という回答は欧米企業で六％、日本企業で二〇％と大きな差がある（佐久間賢『問題解決型リーダーシップ』講談社、二〇〇三年）。それにしても二割の人が、個人的感情で評価をゆがめていると自白しているのは驚くべきことではないか。

一般に個人的なつながりが深いほど特別扱いしやすいことは「内集団ひいき」や「ネポティズム」などとして知られているが、物理的な近接性も感情や利害関係を左右する。互いに近接しているほど相手に対する情報も、また承認の機会も多い。もちろんそこには正の承認だけでなく、負の承認も含まれるが。

そのため近接しているほど承認するにしろ、しないにしろ、相手に対するインパクトが大きくなる。つまり離れている人なら自分を認めてくれるか否かはさほど問題でなくても、ふだん接している人から認められるか否かには無関心でいられないわけである。

承認の返報性原理

さらに、そこへ承認欲求の独特な性質が絡むと、問題はいっそう複雑になる。

承認欲求の充足は相手の主体的な意思に依存すると述べたが、多くの場合、承認する側もまた相手を承認することで承認される。すなわち双方が相互依存関係、さらに互いに相手を認めれば相手からも認められるという互酬的な関係にある。

それは「返報性の原理」や社会学の交換理論で説明できる。返報性とは相手に何かをしてもらったら、お返ししようという気持ちになることをいう。また交換理論によると、こちらが贈ったものより大きなお返しをもらえるのではないかと期待して、自分から先に贈り物をする。賄賂はその典型だ。承認は無形の報酬なので、自分から先に承認すれば、相手からもっと大きな承認が期待できるわけである。逆に負の承認、すなわち相手を貶《けな》したり低く評価したりすると、それより大きな負の承認が返ってくることを覚悟しなければならない。「目には目、歯には歯」が増幅されるのである。

さらに人は自尊心を保つため、自分を高く評価してくれる人を高く評価しようとする。逆にいえば自分を評価してくれない人を自分から評価すると、自分を否定することになる。そのため自ずと評価にバイアスがかかるのだ。「あの人は、人を見る目があるので自分をよく理解してくれる」とか、「あいつは無能だから私の能力を評価できるはずがない」などとぼやきたくなるのはそのためである。

「物理的近接性」「返報性」という二つの要因から、上司は身近なところにいる部下を高く評価し、優遇したいという誘惑に駆られる。そうすれば部下が自分を承認してくれると期待する。少なくとも部下に失望され、気まずい関係のなかで近くにいる事態を避けようとするのだ。

それが人事に偏りをもたらす場合がある。大企業のなかには海外赴任を渋る社員が増え、頭を悩ましているところがある。そのため特定の社員をローテーションさせながら対処しているのが実情だ。家族の事情など生活面の理由もあるが、同時に海外赴任すると出世が遅れると懸念している社員も少なくないという。逆に昔から、経営幹部と直に接する機会が多いほど出世しやすいといわれ、社長室や秘書室などは人気がある部署だ。

このように上司や管理職のそばにいるほうが有利だと感覚的にわかっているだけに、テレワークより出社を選ぶ人が少なくないのだとも考えられる。そのためか、なかには必要がないにもかかわらず、書類をわざわざ会社までもってくる社員もいるそうだ（出社しないと情報不足になるという不安もあるのだろうが）。

近くにいる部下を優遇したいという誘惑に駆られるのは、もちろん日本人にかぎらない。日本企業では人事部の力が強いが、欧米企業では上司の人事権が強い。それだけに、いっそうそのリスクは大きいともいえる。その反面、歯止めもかかりやすい。まず、一人ひとりの職務が明確で個人の成果が見えやすいため、人事に手心を加えるのが難しい。

また管理職は日本以上に業績で評価されるため、部下に対してドライにならざるを得ないという事情もある。

要するに共同体的な日本企業では、上司も部下も近接することで承認欲求を満たしやすくなる。テレワークを筆頭に、物理的に切り離される働き方や人事制度の導入に抵抗があるのは、そこに一因があると考えて間違いなかろう。

第三章　「見せびらかし」から「チラ見せ」へ

一　奪われた「ハレの舞台」

テレワークで「見せびらかし」が困難に

偏差値とブランドだけで大学を選んだ大半の学生たちは就活時期を迎えると、その延長線上で就職先を探す。会社に入って何をしたいか、その会社が自分に合っているかどうかは二の次、三の次だ。要は有名企業、一流企業の社員というステイタスがほしいのだ。そして、いったんステイタスを手に入れたら、少々待遇が悪化しても、ブラックな労働環境が判明してもなかなか辞めない。

社員にとって有名企業、一流企業ほど共同体としての存在感は大きく、会社に自分を託そうという気持ちになる。

実際に有名企業、一流企業の社員だというだけで承認欲求（尊敬の欲求）が満たされる。たとえば取引先や下請会社との間には自ずと上下関係ができ、何かと持ち上げられる。世間からも一流企業の社員は、それにふさわしい能力、経歴、品格を備えていると見てもらえる。上司や同僚をはじめ周囲の人々、それに会社の社屋やオフィスも彼らのブランドに箔をつける。都心の一等地に鎮座して威容を誇るビルで豪華な装いの応接間に通され、立派な肩書きの人たちに囲まれたら、それだけで相手は気後れするものだ。

ところがテレワークでは、このような恩恵に浴することが難しくなる。実際、物理的に会社から離れて仕事をすると、有形無形のメリットが失われる。自宅からリモートで商談や仕事の打ち合わせをしていると会社の後ろ盾は消え、一対一で勝負しなければならない。ましてリモートでの商談中に生活臭が漂う自宅が背景に映っていたり、子どもの声やペットの鳴き声が聞こえてきたりすると、「一流企業の社員」というイメージそのものが崩れる。言葉は悪いが「虚仮《こけ》威《おど》し」が利かなくなるのである。

「偉さ」の基盤が崩壊

そもそも「偉さ」の見せびらかしは、二重の意味でテレワークと相性が悪い。

第一に、両方のベクトルが逆になっていること。すでに述べてきたように承認欲求は、より密接な関係にあるほど満たされやすい。とりわけ見せびらかすには、相手と接する機会が多いほど都合がよい。そのため、人と人が接近する方向に力が働く。

いっぽうテレワークは物理的に離れていることを前提にしている。そのうえコロナ禍のもとで「密」は許されない。要するに「見せびらかしたい」という欲求と、コロナ禍が突きつける要求とは基本的に相容れないのである。

そして第二に、「偉さ」は上下関係のなかで生まれるものだが、テレワークの世界はフラットで対等な関係が基本になる。したがってテレワークの世界に「偉い」という概念はなじみにくいのだ。

テレワークは有名企業、一流企業の社員という組織の後光を失わせるだけではない。組織のなかでは管理職の地位そのものが揺らぎつつある。いわば構造的な変化である。

管理職の仕事のなかで大きな比重を占めているのは情報の仲介や集約、それに仕事の配分などである。たとえばトップからの要求に応じて部下に現場の情報を求めたり、部下の仕事をまとめて上に報告したり、新たな仕事が入ってきたとき部下にそれを割り振ったりする。

しかし電子メールやITツールが発達したいまでは、必要ならトップがいつでも現場に直接聞くことができるし、現場の情報をまとめるのも専用のソフトを使えばよい。そのほうがはるかにスピードは速いし、バイアスも入らない。また客から担当者に直接仕事が入ってきて、担当者が自分で判断しなければならないケースも増えてきた。その結果、上司が窓口を一本化して部下に仕事を割り振るというスタイルが一般的ではなくなったのだ。

このように仕事の進め方そのものが従来のトップダウン型からボトムアップ型に変化すると、必然的に管理職の存在感は小さくなる。会社によっては部下の間から「上司抜きのほうが仕事はスムーズに進む」という皮肉混じりの声も漏れ聞こえる。

さらに外部とのコミュニケーションやネットワーク形成が容易になり、プロジェクト・ベースの仕事の比重が高まったことにも注目する必要がある。それらの仕事の多くは、社内における特定の部署の枠に収まらない。実際に多くの人が複数の部署にまたがるような仕事をしている。それはとりもなおさず旧来の縦割り型の組織が空洞化しつつあることを意味している。

このように新しくなった組織のなかにおける「管理職」の役割は、文字どおり部下を

「管理」するというイメージと相当かけ離れている。管理職というよりプロジェクトの進行を支援したり、チームをまとめたりする、プロジェクトリーダー、もしくはファシリテーターに近いといってよい。

もっとも、このような変化はコロナ禍によって一気に出現したわけではない。長いスパンでとらえるなら、工業社会からポスト工業社会への移行にともない、組織も社会もフラット化しているのだ。

一般的にいうと、あらかじめ決められた仕事を正確かつ効率的にこなすには、上意下達式の階層化された組織が適している。しかしポスト工業社会では、そうした仕事の多くがＩＴなどに代替され、人間には創造性や革新性、洞察力、判断力といった人間特有の能力・資質がいっそう求められるようになった。それらの能力・資質は強制や命令によって発揮される性質のものではなく、ピラミッド型組織はむしろその発揮を妨げる場合が多い。

フラット化する社会に「偉さ」は無縁

以上は企業組織のなかの話だが、産業社会もその相似形である。

経済学では昔から「市場か組織か」という議論がある。単純に考えたら市場で最も安く売ってくれる相手から原材料を仕入れ、最も高く買ってくれる相手に製品を売るのが経済的だ。しかし安い代わりに品質に欠陥があるかもしれないし、製品をいつも高く買ってくれるとはかぎらない。それを調べたり、確約を取ったりするコスト（取引コスト）を考えたら、価格的にはベストでなくても特定の相手と継続的に取引したほうが得になる。このような理由から「組織化」が図られる。また大量生産、大量輸送、大量販売の時代には、大きな組織ほど経済的だった（規模の経済性）。

伝統的な製造業の世界では組織が垂直的に統合され、元請け、下請け、孫請けといったヒエラルキー（階層）が存在した。それが効率的だったからだ。しかし価値の源泉がハードからソフトへ移行するとともに、規模の有利さは小さくなる。それどころか伝統的な大企業を頂点にした序列構造は、イノベーションや新たな価値の創造を妨げる場合が多い。またインターネットなどデジタル化が進み、ネットオークションのようにコストをかけずに最適な取引相手を探せるようになったし、カスタマーレビューのようなシステムを使えばある程度は信用も担保できる。要するに「取引コスト」が低下し、組織の有利さが小さくなったのだ。

現に情報・ソフト系企業や研究開発型のベンチャー企業のなかには、小規模でも既存の大企業と対等に競争し、業績をあげている企業が少なくない。また自営業者やフリーランスも取り込み、どこに組織の境界があるかわからないような、ネットワーク型組織も珍しくなくなってきている。要するに組織も社会もフラット化しているのである。

このように組織も社会もフラットになると、地位の差に基づく「偉さ」を見せびらかす機会は当然少なくなる。そして能力や実績に応じて役職の序列が決まるという構図が崩れてくると、職位のシグナリング効果の低下、すなわち地位の高い人は能力や実績があり、人物も優れているという見方がされなくなる。

回り始めた負のスパイラル

実際、役職の威光からくる従来の出世観は徐々に薄れてきている。少なくとも組織のなかでは、かなり前から役職が絶対的な成功のシンボル、尊敬の対象ではなくなっている。それがいまだ堅固に残っているのは、伝統的な大企業か一部の役所くらいではないか。

ただ、そうはいっても新しい価値観が世間に浸透するまでにはかなり時間差がある。

私は二〇年近く前に書いた本のなかで、役職へのこだわりを捨てられない理由の一つに役職の社会的な通用性があり、とりわけ家族や実家の親の間に役職神話が根強く残っていることを指摘した（太田肇『認められたい！』日本経済新聞社、二〇〇五年）。当時は立身出世主義の教育を受けて育った世代がかなり残っていたからだ。

しかし現在は、家族や親でさえも役職で夫（妻）や子を評価する価値観は薄れている。家族や親世代のなかに、旧来型出世観のもとで職業生活を送った人が減ってきたためだろう。

そのような影響もあってか、昨今は企業や地方自治体、それに学校でも管理職になりたがらない人が増えている。マンパワーグループが二〇二〇年二月に二〇代～五〇代の正社員四〇〇人を対象に行った調査では、「今後、管理職になりたいか」という質問に対し、八三％の人が「なりたくない」と答えている。なりたくない理由としては、「責任の重い仕事をしたくない」（五一・二％）、「（残業や休日出勤の手当てなど）報酬面でのメリットが少ない」（四〇・四％）、「業務負荷が高い」（四〇・四％）などが上位を占めている（複数回答）。

俗にいうプレイングマネジャーとして現場の仕事も担わされるケースが増えたことや、

管理職の責任が厳しく問われるようになったことなどが背景にあるといわれるが、そうした負担に見合う金銭的報酬がないことに加え、尊敬という無形の報酬が得られなくなっていることも「管理職離れ」の一因ではないかと考えられる。

そこにみられるのは、バブルの崩壊と似たような現象である。みんなが昇進を望む時代には、実際に高い地位に就いた人は尊敬の目で見られた。みんなが目指すものを獲得してこそ価値があるからだ。ところが一部の人しか昇進を望まなくなると、たとえ高い地位に就いても尊敬されなくなる。すると役職の魅力がますます低下するという、負のスパイラルが働くのである。

近年着実に進行していたこのような役職の魅力低下に、テレワークがいっそうのフラット化、それに組織の壁の崩壊という形で拍車を掛けたのである。

二　「チラ見せ」に長けたZ世代も……

自尊感情を表に出さない日本の若者

いっぽう、実際に管理職の地位に就いていない若者たちには、「見せびらかしたい」という欲望そのものがないのだろうか？

意識調査の結果から、それを探ってみよう。

三菱総合研究所が二〇二一年五月に民間企業に勤務する正社員三〇〇〇人を対象として行った調査では、年齢別の仕事観を明らかにしている。それによると二〇歳～三四歳の若年層では一位の「ゲームのように楽しむこと」（四三％）に続き、「所属や肩書を与えてくれること」（三九％）、「社会的地位・評価を得ること」（三九％）が二、三位を占めている（三菱総合研究所「『ハイブリッド型』雇用システムの構築に向けて」。数値は仕事観に関する各項目の「全くそう思う」「そう思う」の合算値を一〇〇％としたときの各年代の割合。複数回答）。

意外にも現在の若者が、社会的な地位や評価を期待していることがうかがえる。ただし、ここでいう社会的「地位」はステイタスであって、役職ポストではないと解釈される。いずれにしても数字を見るかぎり、彼らもけっして「尊敬の欲求」が弱いわけではない。欲求が人間に生まれつき備わっているものだということを考えれば、「意外」どころかむしろ当然なのだが。

いっぽうには、つぎのような興味深い分析もある。児童精神医学などを専門とする古荘純一は、既存の自己報告式テストと認知科学の方法を用いたテストの結果に違いがあることに注目した。回答者が周囲の目を意識して回答する可能性がある自己報告式のテストでは、アメリカ人などに比べ、日本人の子どもは自尊感情が低い（古荘純一『日本の子どもの自尊感情はなぜ低いのか――児童精神科医の現場報告』光文社、二〇〇九年）。しかし社会心理学者の山口勧らが、そのような意識のバイアスが入りにくい認知科学の方法を用いて日本人とアメリカ人、中国人の大学生を対象に行ったテストでは、日本人の自尊感情は他国と同程度だった（二〇〇七年六月一五日付「朝日新聞」）。

またアメリカ、中国、韓国、日本など七か国の中学生・高校生世代の意識を比較した結果、日本の若者は周りの人々に迷惑をかけないように気を遣い、抑制的に社会生活を送っているという分析もある（中里至正・松井洋『日本の若者の弱点』毎日新聞社、一九九九年）。

つまり日本人は、実際は自尊感情が低くないにもかかわらず、それを抑制して表に出さない傾向がみられる。日本人の社会では、本音をそのまま表に出すことは好ましくないので自己抑制を掛けていると解釈している（前掲、古荘）。なお補足しておくと、自尊感情の自己報告式テストでは、「自分にはよいところがある」「自分は価値のある人間だ」といった質問項目が用いられる。そして自己報告式のテストでは、子どもにかぎらず日本人の自尊感情は他国に比べて低い傾向がある。

たたかれないための「チラ見せ」

では、なぜ日本の若者は「尊敬の欲求」や自尊感情、すなわち承認欲求を表に出さないのか？

「日本人は慎み深いから」とか、「謙遜するのが日本人の美徳だから」などと説明するのが普通だろう。しかし、それだけだろうか？　また慎み深く謙遜することが評価されるのには、何か理由があるのではなかろうか？

それは、やはり「共同体型組織」「共同体型社会」が影響しているからだと考えられる。

すでに述べたように、閉鎖的・同質的な共同体型組織（社会）は、だれかが得をすると、だれかが損をする「ゼロサム」構造になる。そしてメンバーの価値観が似通っているのでかぎられた目標を目指して競争する。そのためメンバーは、互いに抜け駆けしないように監視し合い、だれかが突出しようとすると周りからたたかれる。「出る杭は打たれる」のである。

私は承認を「表の承認」と「裏の承認」に分類している（太田肇『承認欲求――「認められたい」をどう活かすか？』東洋経済新報社、二〇〇七年）。優れた能力や業績、個性などを讃えるのが「表の承認」であり、規律や序列を守り、和を乱さないのが「裏の承認」である。端的にいうなら加点評価と減点評価に近い。日本社会では昔から、いくら能力や業績が優れていても欠点や落ち度があると認められないことからわかるように、「裏の承認」に偏る傾向がある。

しかし、「裏の承認」だけだと活力は生まれないし、組織も成り立たない。そこで限定された「表の承認」が必要になる。それが役職ポストである。その意味で管理職は組織内で特権を得た人だといってもよい。だからこそ、自分の「偉さ」を見せびらかすことができるのだ。

それに対し大多数の若者はまだ管理職の地位に就いていないので、かりに能力や業績が秀でていても、それを見せびらかせる特権がない。ちょっと出過ぎたら「生意気なやつだ」「一〇年早い」とお灸をすえられる。つまり堂々と自分の能力や実績を認めさせることができないのである。

共同体型組織のなかでは、周囲から嫌われたら疎外されてしまう。それだけ若者にとって「裏の承認」のハードルが高いといえる。しかし、前述したように若者にも当然ながら承認欲求、とりわけ「表の承認」を得たいという気持ちはある。

そこで生まれたのが独特の行動スタイルである。それは周囲から反発を買わないよう、細心の注意を払いながら自分をアピールする「チラ見せ」だ。

たとえば職場のミーティングで気の利いた発言をして「頭のよさ」を周囲に覚らせたり、場をうまくまとめて「リーダーシップがある」と認めさせたりする。周囲に細かい気遣いをすれば、人柄や人間性を評価される。空気を読むのも、上司の立場を忖度するのも、組織人としての資質や能力をそれとなくアピールしているわけである。そして本人が望むかどうかは別にして、そうした「チラ見せ」の蓄積が役職への昇進、そして共同体のリーダーである経営幹部への道につながっていく。企業にしても役所にしても、トップの座に就くのはこのような処世術に長けたタイプが多いことは周知の事実である。

もちろん、もっと純粋に、ただ注目され、自分の存在や個性を認めてもらうためだけの「チラ見せ」もある。いや、むしろ大半がその範疇に入るだろう。意識してさわやかな笑顔で挨拶したり、会議で周囲とはちょっと違う見方を披露したり、服装や髪型にこだわってセンスのよさを印象づけたり。第一章で紹介したような、仕事以外のときめきやワクワク感なども「チラ見せ」したいという欲求の表れである場合が多い。

Z世代は「チラ見せ」の達人

一般的にいえば、新しい世代ほど新たな環境の変化に適応するのが早い。なかでも「Z世代」と呼ばれる現在一〇代前半あたりから二五歳くらいまでの若者は、「チラ見せ」で承認欲求を満たすという行動様式が身についているといえそうだ。

マーケティングアナリストとして、大量のデータに基づいて若者の価値観や行動を研究してきた原田曜平は、Z世代の特徴として周囲の目を意識し、心証が悪くならない範囲で自己アピールすることをあげる。それを裏づけるように、マクロミルが二〇二〇年三月に行った調査によると、「周囲の人と比べて、自分が浮いていないかいつも気になる」「人が自分をどう思っているかを気にする」「人と違う個性が重要だ」のいずれの回答もZ世代は、その上の世代より値が高くなっている（TikTok「Z世代白書」二〇二〇年六月)。

「直接的で露骨な自慢をすると、噂や陰口が広がりやすく、周りから煙たがられてしまうので、それを避けるために『間接自慢』という手法が生まれ」たと原田はいう(原田曜平『Z世代――若者はなぜインスタ・TikTokにハマるのか?』光文社、二〇二〇年、九五頁)。

「間接自慢」の一例として、「アプリやサイトで自分のどこかを診断してもらい、その診断結果をSNS上に投稿し、周りにシェアすることで、『こんな診断結果が出るくらい私って○○らしいよ』ということを、間接的に自慢する行為」(同上、一〇〇頁)があげられている。これに類する行為は、組織のなかでもかなり日常的に見かけられる。たとえば自分を評価してくれる取引先や他部署の人を上司や同僚に会わせたがるとか、職場のミーティングで自分が得意な分野に話を誘導していくとかいったやり方だ。

原田も示唆しているように、この世代の特徴としてタテ方向の人間関係よりヨコ方向の人間関係を重視し、友だちや同世代の同僚からの承認を重視する傾向が強いことがあげられる。役職の上下による半ば有無をいわせぬタテの承認と違って、ヨコの承認は相手の自由意思に大きく依存する。しかも仲間内だと感覚がデリケートになり、ちょっとした言動にも敏感に反応する。それがいっそう細やかな気遣いを必要としているのだろう。

このように「チラ見せ」は役職という公式の制度に裏打ちされた管理職の「見せびらかし」に比べて慎ましい。しかし、それでも自分の心証を悪くしないか、自分が浮いていないかを気にしている事実が逆説的に物語るように、彼らが単なる事実や行為の承認にとどまらず、人格的な承認を求めていることを見逃してはいけない。

管理職も外では「チラ見せ」が必要

管理職という特権がない若者など一般の社員は、このような「チラ見せ」によって承認欲求を満たそうとする。

忘れてならない点は、日本では会社や学校などの組織にとどまらず、社会全体が多少なりとも共同体としての性格を持っているということだ。そのため社内では自分の「偉さ」を堂々と見せびらかせる管理職も、会社の外ではその特権がない。正確にいうと、かつては絶対的だった地位の威光が薄れている。下手に「偉さ」を見せびらかそうとしようものなら、世間から強い反発やバッシングを食らいかねない。

そこで経営者や管理職も、一歩会社の外に出たら世間の反発を受けないように気を配って「チラ見せ」をする。

日本経済新聞の文化欄で六〇年以上にわたって掲載されている「私の履歴書」という読み物がある。世間に名の知れた経営者をはじめ、政治家や文化人など各界の著名人が自分の半生を振り返る一種の自叙伝だ。本人が直接執筆したかどうかはともかく、本人自身の言葉がそこに反映されているのは間違いなかろう。

登場する人物のなかには自分の優れた係累や家柄、学歴などを必要以上に強調したり、たどってきた足跡を美化したりする人もいるが、多くの人は一方的な自慢話と受け取られないよう、失敗談や自分の欠点を織り交ぜながら自分の能力や人間性が優れていることを覚らせる手法を用いている。

たとえば就職のときを振り返り、「面接試験では的外れな回答をして面接官の失笑を買うなどさんざんな出来で、間違いなく落とされたと思ってあきらめていたら、忘れたころに採用通知が届いた」とか、「語学が苦手で海外の勤務経験もない私が、なぜか海外部門の責任者に抜擢された」「取り立てて才能のない私が今日の地位に就けたのは、周りの人に恵まれたのと運がよかったからだ」といったように。そこには当然、「いやいや運も実力のうちだ」とか、「謙遜しているけれどほんとうはずば抜けて優秀だったに違いない」と受け取ってもらえるだろうという計算が透けて見える。いずれにしても大事な部分はしっかりと読者に伝わるよう、工夫を凝らしながら述べられているのだ。

組織のなかで築いた地位、獲得した名誉を、より大きな共同体である世間に見せびらかすには、このように一見「二重人格」とでも受け取られかねないような振る舞い方が必要なのかもしれない。

「チラ見せ」で品格が問われる社会

あからさまに見せびらかすのではなく、チラリと見せる「チラ見せ」は古くから日本の文化として存在する。

たとえば女性用和服の袷《あわせ》に裏地として使う八掛は、もともと着物が傷まないように着けたものだが、ちょっとした仕草のなかでチラッと見えることを意識して派手な色や上等の生地を用いるようになったといわれる。洋装でも男性用スーツに凝った柄の裏地をつけるのは同じねらいだ。

また伝統工芸や日本料理では、一見しただけでは目立たなくても玄人や目・舌の肥えた人には分かるような職人の技術や料理人のセンスが忍ばされている。地域の風習やつきあいのなかでも、どれだけ行き届いた作法を身につけているかでその人の「品格」が評価される。逆に露骨な自己顕示は「はしたない」とされ、人間関係のなかで自ずと距離を置かれる。

このように堂々と見せびらかすのではなく、チラッと見せるのに重きを置くということは、逆にいえばチラッと見せるだけで承認欲求が満たせることを意味する。

それもまた共同体型の組織・社会の特徴である。日本の組織や社会は、共同体型であるゆえ「ハイコンテクスト」、すなわち人々の背景や文脈が高いレベルで共有されているのだ。

そもそも島国である日本は、移民や移住が多い欧米などと比べて民族の多様性が低く、外国人の比率も低い。教育制度も画一的で、共通の教科書で学習指導要領に沿った教育を受ける。年齢の違う子や学校外の人たちと交わる機会は乏しい。そのため価値観も、知識も、考え方も同質的になる。

そこへもってきて会社組織の場合、採用から人事管理、働き方にいたるまで、同質性を高める仕組みがいたるところに取り入れられている。まず入り口においては、他社のカラーに染まっていない新卒で、しかも自社の社風に合った人物をふるいにかけて採用する。仕事は集団単位で行われる場合が多く、仕事外のつきあいや人間関係も濃厚なため、長期的雇用のもとでは社員の経験や知識、価値観も自ずと似通ってくる。そして互いに相手の人柄や考え、細かい情報まで知るようになる。

そのため、言葉だけでなく態度によってにおわせるだけで自分の個性や能力が相手に伝わるし、ちょっとした仕草や配慮から、その人の人となりや人間性が評価される。

いっぽうで相手の微妙な言い回し、間の置き方、それにまなざしや顔色の変化、指の動き、放たれる熱気などからでも、本気で自分を認めてくれているのか、そうでないかがわかる。

すでに述べたように技術革新の変化にともなう仕事内容や情報経路の変化、組織のフラット化などによって役職の序列によるタテ方向の権威が弱まってきた。その結果、「より速く、より高い」地位に昇進することを目指す伝統的な出世志向は、かなり前から薄れている。

日本生産性本部と日本経済青年協議会は一九六九年から毎年、新入社員を対象に「働くことの意識」調査を行ってきた。そのなかに「あなたは、どのポストまで昇進したいと思いますか」という質問項目があるが、「社長」と回答した人をみると、一九七〇年度は二九％だったが二〇〇〇年度は二〇％、そして調査最終年度の二〇一九年度は一三％まで低下している。

旧来型の出世志向が薄れるいっぽうでZ世代に象徴されるように、さりげなく自分をアピールし、承認欲求を満たそうという意識が広がっているのだ。

チラ見せに呼応した、「ほめる」取り組み

社内の若年層に広がる「チラ見せ」文化。それに呼応するかのように取り入れられていったものの一つに「ほめる」取り組みがある。

二〇一〇年前後から、企業や役所、病院、学校などで「ほめる」ことの実践活動が流行している。上司が部下を、教師が児童・生徒を積極的にほめ、また同僚どうしがほめ合うことでやる気を引き出すとともに、場の空気や人間関係をよくしようというのがねらいだ。

そうした流行を受け、上手なほめ方を教え、実践させる研修やセミナーが各地で開催され、盛況を博している。人気があるだけではない。第一章で紹介したとおり、私が企

業、病院、学校などで行った研究では、ほめたり認めたりすることでモチベーションや自己効力感が高まり、成績も上がるという効果が確認されている。

「ほめる」実践活動で特徴的なのは、相手の小さな気遣いや地道な努力といった細かいところに照準が合わされていることである。たとえば、「いつも笑顔で挨拶してくれる」「仕事の段取りが行き届いている」「メールの返信が早い」「残業しているといつも助けてくれる」等々。けっして派手な実績や突出した能力をほめるのではない。むしろ、あえてそれを避けようとしている。

ほめられる側も、人前で実績や能力をほめられるのを嫌う人が多い。周りからねたまれるのを気にしているからだ。そしてほめられたら「いえいえ、私なんか……」とか「当たり前のことをしているだけですよ」などと謙遜するのが礼儀のようになっている。アメリカ人のように素直に喜びを表現することができないのだ。また同僚の間では「ほめる」→「ほめられる」という関係が固定化しないよう、互いにほめ合うよう工夫しているケースも見られる。

そして、ほめるという行為を組織化、制度化したものが「表彰」である。当然のように、その表彰にもほめる取り組みと同じような特徴が表れている。

表彰にはいくつかのタイプがある。そのうち社長賞やMVP（最優秀賞）のように顕著な功績をあげた人を讃えるタイプの表彰制度は、伝統ある企業を中心に多くの組織に取り入れられている。

ところが最近、複数の組織で興味深い話を聞いた。MVPで表彰された人が、短期間のうちにつぎつぎと辞めていったというのだ。原因は必ずしも定かではないが、周りの人の態度が冷たくなったとか、「MVPだからそれくらいやりなさいよ」と嫌みをいわれているという話が伝わってきた。共同体ならではの激しい嫉妬によるものだといえよう。さらに階層による序列意識が薄れ、平等意識がいっそう強まっているためかもしれない。

嫉妬を避けるため表彰も控えめに

会社側もこのような状況の変化を受け止め、新しいタイプの表彰制度に軸足を移しつつある。その一つが、いわゆる「縁の下の力持ち」を讃える表彰だ。具体的な表彰例として、災害発生時に現地へ赴き献身的に支援を行った人、毎朝早く出勤して職場の周りを掃除している人、自発的にアルバイト・スタッフの指導に携わってきた人、困難な家庭環境のなかで生活をやりくりしながら仕事を続けてきた人、などがある。

もう一つは、一種のゲーム感覚を取り入れた「軽い」表彰である。たとえばファストフード店では、唐揚げや塩ふりを素早く行うコンテストを行ったり、宅配ピザの早焼きや安全な配達を競争させたりしているところがある。ゲーム感覚を取り入れることで空気を盛り上げるだけでなく、受賞者に対する嫉妬や不公平感を和らげる効果も期待できる。

またレストランやホテルなどのサービス業では、客から届いた声で評判がよかったスタッフを表彰している事業所が少なくない。若者が中心になって働く職場では、このタイプの表彰を積極的に導入するところが増えている（太田肇・日本表彰研究所『表彰制度』東洋経済新報社、二〇一三年）。第三者の評価を取り入れることもまた、嫉妬や不満といった人間関係上の弊害を軽減する効果があるのだろう。

表彰式の様子もまた、様変わりしている。かつては会社の創立記念日などに、厳かな空気のなかで社長から賞状と金一封が渡されるというのが定番だったが、最近は手作りのイベントで和やかな空気のなか、趣向を凝らしたセレモニーが開かれている。副賞も食事券とか旅行券、あるいはネクタイピンやアクセサリーなど、それほど豪華ではないものが多い。また受賞者だけが突出しないよう、チームを単位にした表彰を取り入れるとか、受賞者をサポートした人も一緒に表彰するといったスタイルのものも増えている。「ほめる」実践活動にしても、新たな表彰制度にしても、「見せびらかし」から「チラ見せ」へという若者を中心にした文化の変容を反映させたものといえよう。だからこそ、これだけ日本企業に普及してきたのだと考えられる。

しかし、こうした「チラ見せ」の機会もまた、コロナ下でのテレワークによって減少している。前述したようにリモートでは「チラ見せ」の機微が十分に伝わらないし、ほめるにしても表彰するにしても、その真髄が生かされないのである。

実際、メールやアプリを使ってほめたり、感謝の言葉を送ったりする取り組みは広がっているが、やはりリアリティが薄れるといった限界がある。パソコン上でほめるソフトなどにいたっては、話題づくりくらいにしかならなかったようだ。そして、それが第一章で述べた「承認不足」のストレスにもつながっていると推察される。

内向きになった若者

そもそも若者の意識や行動様式は、どのように変化しているのだろうか？

近年、若者の「内向き」志向が強まっているといわれる。そこで、意識調査の結果を見てみよう。

内閣府が二〇一八年に日本を含む欧米など七か国の一三歳～二九歳男女、各国一〇〇〇人を対象に行った調査（「我が国と諸外国の若者の意識に関する調査」）によると、「外国留学をしたいと思わない」と答えた人の割合は日本が五三・二%と最も高い。ちなみに同じアジアでも韓国は、そう答えた人の割合が二二・〇%で日本の半分以下である。

また産業能率大学が継続的に行っている「新入社員のグローバル意識調査」では、「海外で働いてみたいとは思わない」という回答が二〇〇四年の二八・七%から毎回増え続け、二〇一五年には六三・七%に達している（入手できる最新の二〇一七年は六〇・四%）。留学だけでなく、就職後も海外への赴任を望まない若者が増えているのだ。

海外だけでなく、地域の外にも出たがらない傾向が強まっているように見える。

日本生産性本部が二〇二一年七月に行った「働く人の意識に関する調査」では「希望する働き方」として、「同じ勤め先で長く働き、異動や転勤の命令は受け入れる」と答えた人が七〇代以上から二〇代まで年齢層が下がるほど減少し、六〇代、七〇代以上では四割を超えるのに対し、二〇代では二八・〇%と三割を切っている。

このような傾向は企業で耳にする現場の声や、学生の就職活動からも読み取れる。二〇年くらい前までは企業の規模やネームバリューを基準に就職先を決める学生が大半だったが、最近はその基準が揺らぎ、自宅や出身地に近い圏内で働けることを優先する学生が明らかに増えているのを実感する。

前出の原田曜平も以前から、こうした若者の変化を指摘していた一人だ。彼は二〇一四年に刊行された著書のなかで、昔のヤンキーといまのヤンキー（「マイルドヤンキー」と命名）を比較し、前者が「地元志向を持ちつつも、心のなかでは上京・上昇志向を持っていた人も多かった」のに対し、後者は「絶対に地元を出たくない」のだという。「彼らが大事にしているのは、生まれ育った土地に根ざした同年代の友人たちと、そこで育まれてきた絆《きずな》意識、家族と地域を基盤とした毎日の平穏な生活」なのである（原田曜平『ヤンキー経済――消費の主役・新保守層の正体』幻冬舎、二〇一四年、二五―二六頁）。

こうしてみると近年の若者は、彼らの親や上司に当たる旧世代よりも、ある面ではいっそう共同体依存が強まっているといえそうである。彼らは労働生産性や国際競争力など日本の国際的地位が低落し、経済が停滞する「失われた三〇年」のなかで育ってきた。つまりゼロサム構造がいっそう鮮明になった社会環境に適応して「内向き」の姿勢を身につけたのではなかろうか。だとしたら彼ら自身、現在の状況に心底からの充実感、満足感を得ているか疑問は残るが。

リアルな関係に飢えるZ世代

ここで再び、現在の若者の象徴ともいうべきZ世代に注目してみたい。

Z世代の若者は、「チラ見せ」の機微を心得ていて、それが文化や行動規範にまで昇華されている。それだけに、彼らこそテレワークで欲求不満に陥りやすいと考えられる。

ある調査では、コロナ禍による自粛期間終了後もテレワークを続けたいという若者（二〇代）が五・九％に過ぎない（マクロミルが二〇二〇年六月にインターネットで実施した調査）。また前出の原田は、新入社員が上司世代よりも「テレワークを望まず不満がある」（前掲、原田、二〇二〇年、八四頁）という企業現場の声を紹介している。

Z世代に代表される現在の若者は、インターネットやSNSになじんでいてテレワークに適応しやすいという一般的なイメージとは裏腹に、彼らは上の世代以上にリアルな世界の人間関係に依存しているのかもしれない。

実際、インスタグラムやLINEといったSNSで「チラ見せ」をして承認欲求を満たせるのも、リアルな仲間どうしの人間関係が基盤になっていることが多い。認めてもらいたい、ほめてもらいたい相手として念頭にあるのは、クラスメート、同僚、遊び仲間、同窓生といったリアルな関係を結んだ人たちであり、ネットの世界だけの知り合いを強く意識することはまずないといってよい。

またコロナ下での緊急事態宣言が出されるなかでも街頭に繰り出し、仲間どうし外飲みをしたり、禁止場所でバーベキューを楽しんだりするなど、「違反」者が目立つのもこの世代である。

要するに権力者、成功者による「見せびらかし」の文化にしても、若い世代に浸透している「チラ見せ」の文化にしても、会社という人間関係の濃密な共同体の存在を前提にしている。そのためテレワークによって共同体の存在感が薄れると大きな打撃を受けるのである。

若手社員から管理職層まで会社共同体にドップリと浸かってきた日本人にとって、コロナ禍という外圧によるテレワークへの半強制的な移行は、承認の危機だといえよう。同時にそれは共同体依存や共同体の圧力から脱却し、より大きな承認、多様な承認を獲得するチャンスでもある。次章では、それを見ていくことにしたい。

第四章　テレワークで反転攻勢に……そのカギは

一　日本人の価値観も「ハイブリッド型」に

コロナ禍を改革の好機に

ここまで述べてきたことを振り返ってみよう。

突然やってきたコロナ禍によって、多くの人々がリモート中心の仕事や生活を余儀なくされた。そのなかで徐々に感じるようになったのは、ある種の満たされなさである。「満たされなさ」の正体を探ってみると、承認不足、すなわち承認欲求がこれまでどおり充足できなくなったところに大きな原因があるとわかってきた。

とりわけ日本人にとって会社は一種の共同体であり、そのなかで全人格的に承認されることを求める。偉さの「見せびらかし」は共同体型組織のなかでの象徴的な行動だった。

そこへ登場したテレワークは、物理的にも仕事や活動の面でも共同体に大きな風穴を開けた。共同体型組織が成り立つ条件の一つ、「閉鎖性」が崩れるからである。これまで会社という共同体に依存してきた人たちは、承認欲求を十分に満たせなくなっているのだ。

しかし裏を返せば、共同体のなかで常に抱き続けてきた「承認を失ってはいけない」「期待を裏切ってはいけない」という強迫観念、すなわち「承認欲求の呪縛」から解放されることを意味する。これを広い視野で見るなら、優れた能力や個性を讃える「表の承認」より、和を乱さず序列にしたがうことを重視する「裏の承認」に偏った日本の社会システムを変革するチャンスだといえる。

尊敬の欲求を満たす「偉さ」の見せびらかしも、本来は正常な行動といえない。すでに述べたとおり共同体のなかでは必然的にゼロサムの原理が働き、「見せつける」者と「見せつけられる」者に分かれるからである。しかも地位の序列というたった一つの尺度で評価が決まるのは、あまりにも不合理だ。

テレワークの普及は私たち日本人にとって、働き方はもちろん生活スタイルから価値観、行動様式を根底から揺るがすほどの大きな変化である。しかも、おそらく後戻りできない不可逆的な変化だといえよう。「パンドラの箱」は開いてしまったのだ。

ここで、あらためて留意すべきなのは承認欲求の性質である。

第一章で説明したように「承認欲求」には純粋に欲求と呼べるものと、何らかの目的を達成するための手段としての承認願望が混在している。このうち前者については欲求である以上、捨て去ることはできない。世代が変わり、環境が変化しても人間のなかで受け継がれていく。会社共同体のなかでこれまでのように承認欲求を満たせなくなれば、承認欲求を満たす新たな場所を求めるようになるはずである。

外圧による半ば強制的な変化は、しばしば大きな改革のきっかけになり、新たな世界を切り開く。テレワークも端境期を乗り切れば、これまでよりはるかに大きな「承認」が得られる可能性を秘めている。まさに「禍転じて福」となりうるのだ。

そこで、まずテレワークが普及することによって、日本人の価値観や考え方がどのように変わるかを予想してみよう。

「ハイブリッド型」の働き方が主流に

二〇二〇年の夏に最初の緊急事態宣言が解除されたころから、東京、大阪など大都市のオフィスにも人影が戻ってきた。多くの企業がテレワークを対面の働き方に戻したからである。

しかし、すべての企業がテレワークを撤回したわけではなく、職種や仕事内容を限定しながらテレワークを継続させている企業や、週に何日というような形で残している企業が多い。大企業の一部には、これを機にテレワークを全面的に取り入れるよう制度化したところもある。

日本生産性本部の調査によると、テレワークを行っている人の割合は二〇二〇年五月には三一・五%を記録し、その後は二〇・二%(同年七月)、一八・九%(同年一〇月)、二二・〇%(二〇二一年一月)、一九・二%(同年四月)となっている。緊急事態宣言の発出と解除が二度、三度と繰り返されるなかでも、テレワークの実施状況はかなり安定的に推移していることが読み取れる。

では、働く人の意識はどうか。

転職サービスのｄｏｄａが二〇二一年一月に、二〇代~三〇代の会員約一五〇〇人を対象として行った調査では、転職先を検討する際にリモートやテレワークを重視する人のうち「週に三日」のテレワークを希望する人が三〇・五％で最多だった。

コロナ禍が落ち着いた後もテレワークを継続している企業と、テレワークをした経験がある人たちに聞き取りをしてみても、「テレワークと出社の組み合わせがよい」という声が圧倒的に多い。望ましいテレワークの頻度は、仕事内容のほか個人の特性やライフステージ、たとえば子育て中か、家族を介護しているかどうかといった状況にも左右される。ただ平均的な人にとっては、テレワークと出社がほぼ半々程度というところが「最適値」に近いのではないか。ちなみに、それはテレワーク先進国の欧米におけるおよその現状でもある。

もう少し細かくいうなら、かりに週五日働くとして二日は出社、二日は在宅、あと一日はシェアオフィス（コワーキングスペース）など、いわゆるサードプレースで仕事をするのが最も快適で、生産性もあがるようだ。会社のオフィスは同僚などとの情報交換やチームで行う仕事に適しており、在宅は集中力を要するような仕事に向いている。そしてサードプレースでは外部の人的ネットワークができたり、新たな刺激が得られたりする。しかも日本の職場特有の閉鎖性や同調圧力を考えたら、サードプレースを利用する意義は大きい。

結局、仕事の性質や生活上の諸事情、個人の好みなどに応じて出社とリモートとの「最適値」が決まると考えてよかろう。

いずれにしろコロナ禍が終息しても、在宅やサードプレースを含むテレワークと出社勤務とを併用した「ハイブリッド型」が日本企業にも定着する可能性が高い。

では、「ハイブリッド型」ワークスタイルの定着によって日本人の価値観や行動様式がどのように変化するだろうか？

コスモポリタンとローカル

それを占うのに参考となるのが、大学教員の世界である。

国立大学や一定規模以上の私立大学の文系学部に属する教員の場合、大ざっぱにいうと週の半分程度は授業や会議、学生指導などのために出勤し、あとの半分は自宅などで研究や授業準備をするか、学会や社会貢献活動などで外出している人が多い。もちろん教員によっては毎日、朝から晩まで大学にいる人もいるし、理系学部は設備や材料がなければ研究・教育ができないので自ずと出勤日数が多くなる。

その大学教員を対象にした古典的な研究にA・W・グルドナーの「コスモポリタン」と「ローカル」の分類がある（A. W. Gouldner, "Cosmopolitans and Locals," *Administrative Science Quarterly*, Vol. 2-3, 1957-58）。コスモポリタンは組織への忠誠心は低いが、専門的技術に対するコミットメント（積極的な関与）が高く、準拠集団（価値観や態度に影響を与える集団）は所属組織の外にある。かたやローカルは所属組織への忠誠心は高いが、専門的技術に対するコミットメントは低く、準拠集団は組織の内にある。

日本の大学教員に当てはめても、研究や社会的活動に熱心で学界や世間で評価されることを重視するコスモポリタン・タイプの人もいれば、学生指導や学内行政に熱心で学内での評価や高い役職に就くことに価値を置くローカル・タイプの人もいる。このうちコスモポリタン・タイプの教員にとっては、大学以外の場所でフィールド調査や学会活動、社会貢献活動などに参加することが重要であり、そのように外の世界と触れ合うことによってますます外部志向になっていく。

そしてグルドナー自身も示唆しているように、この分類はほかの職種にも応用できる。企業などで働く人についても、つぎのことがいえそうである。

日本企業は共同体的な性質が色濃く、年功賃金や企業年金など制度面でも転職は不利だった。そのため圧倒的多数の社員が、将来にわたって社内でキャリアを形成することを選んだ。日常の職業生活においても、コロナ禍が広がるまで大多数の社員は会社に行って働くのが普通であり、社外の人と接する機会はかぎられていた。顧客や社外の仕事仲間と接する機会はあるにしても、オフィスのなかだと周囲の目があり、仕事に直接関係があること以外の話はしにくい。そして、閉ざされた環境のなかでは関心も自ずと内向きになる。

したがって、必然的にローカル・タイプが多くなる。前章までに描写した社員の価値観や行動様式にも、そのことがはっきりと表れている。

ところがテレワークで物理的に会社と切り離され、自宅などからネット上で仕事をするようになると、外部の人とコミュニケーションを取る機会も増えてくる。しかも上司や同僚の目に一日中さらされているわけではないので、仕事に直接関係のない話や個人的な質問もしやすくなる。

それだけではない。テレワークの導入と並行して、多くの企業は社員に対して実質的な仕事の裁量権を与えた。そうしないと仕事が回らないからだ。そのことが社外との関わりを持ちやすくしたという面もある。

このような環境の変化を反映してか、実際に私たちがウェブ上で研究会やセミナーなどを開くと会社勤めの人がたくさん参加してくるし、勤務時間中でも取材に協力してくれる人は少なくない。そして外の空気に触れるうちに別の世界、別の生き方があることに気づかされ、組織の外にロールモデルも見つけるようになる。

テレワークによって共同体から切り離され、不安と孤立感に襲われた状態から、少しずつ新たなモードで職業生活を送ろうとする人々が目立つようになってきたのだ。

テレワークの制度化が転機に

実際にこうした積極的な行動が見られるようになったのはいつごろからだろうか？

どうやら、それは企業が緊急避難型のテレワークから、ウィズ・コロナ、もしくはポスト・コロナ時代の働き方としてテレワークを制度化するようになった時期のようだ。大企業で聞き取りをすると、テレワークが制度として定着してから、若手社員のなかにもビジネスの機会を広げようと社外に触手を伸ばしたり、自発的に外部のプロジェクトに参加したりする人が登場してきたという。日本のビジネスパーソンのなかにもコスモポリタン・タイプが出現したのは注目すべきことだ。

テレワークが制度化されたことによって、社員は気持ちを切り替えて会社共同体と距離をとるようになり、自ら外の世界に目を向け始めたのではないか。「守り」から「攻め」の姿勢に転じたといえよう。そして意外にも会社側から彼らの行動に縛りをかけるような動きは見えない。明らかに潮目が変わったのだ。会社にも社員にも変化が不可逆的だと認識させ、気持ちの切り替えを後押しした点で、テレワークが制度化されたことの意味は大きい。

外部の人と接しているうちに他社の待遇や労働条件に関する情報も入ってくるし、自分の市場価値や転職・独立の可能性もだんだんとわかるようになる。そして他社からスカウトやヘッドハントされる機会も増える。大企業の人事担当者は、テレワークが広がったころから社員の転職が珍しくなくなったと語る。それを裏づけるように総務省の労働力調査によると、二五歳〜三四歳の転職希望者比率は二〇一三年〜一九年の一七〜一八%程度から、コロナ禍後の二一年七月〜九月に二一・五%へと増えている（二〇二一年一二月一九日付「日本経済新聞」）。

もっとも現時点では、このようなコスモポリタン・タイプの社員は少数派であり、ローカル・タイプが多数であることに変わりはない。それでも日本企業の社員のなかに、コスモポリタン的な価値観や行動様式を備えた人が増える兆しがある点には注目したい。社内で認められたい人と、業界や専門家の世界、ビジネスの世界などで認められたい人とが混在する時代へ。働き方がハイブリッド型になるだけでなく、承認欲求の表れ方、満たし方も「ハイブリッド型」になるわけである。

共同体の呪縛から脱却

多くの日本人労働者は、会社の傘の外で働く姿を想像できないかもしれない。想像できたとしても、頭に浮かぶのは条件の悪さや不安定さといったマイナス面が中心ではなかろうか。

仕事の面だけではない。欧米人などと違って日本人労働者、とりわけ大企業のサラリーマンは会社べったりの生活を送ってきたため、地域のコミュニティや会社を離れた仲間を持たない。そのため会社共同体の外には、自分を丸ごと受け入れてくれるような場が存在しない。

しかし日本人にとって、テレワークで共同体の囲いから解放された状態は未知の世界ではないし、暗いものでもない。

振り返ってみれば、戦前まで大多数を占めた農業など自営業の人たちは地域に根を張って生活をしていたし、いまでも地方に行けば会社勤めでも、どちらかというと会社よりコミュニティに軸足を置いて生活をしている人が多い。勤め先は変わっても地域に根を下ろして生きているのだ。

つまり会社共同体にドップリと浸かった生活を送り、そこで認められることを生きがいとするのは、戦後日本の大企業というごくかぎられた時代と範囲の行動様式、価値観だといえよう。広い視野で見れば、それはきわめて特殊なものだったのである。

しかもいまでは、それがけっして幸福だとはいえなくなっている。

たとえば国際連合が毎年発表している「世界幸福度報告」によると日本人の幸福度は低下傾向が続き、二〇二〇年度は六二位にまで後退している。

別のデータもある。仕事に対する意欲や働きがいの指標として近年、しばしば「ワーク・エンゲージメント」という尺度が用いられている。これはW・B・シャウフェリら(W. B. Schaufeli, *et. al*, 2002)によって提唱されたものであり、活力、献身、没頭の三要素からなる。ワーク・エンゲージメントが産業界などで広く膾炙《かいしゃ》するようになったのは、より自発的な仕事への関わり方が必要になった時代背景を反映していると考えられる。

そのワーク・エンゲージメントについて、ギャラップが二〇一七年に実施した調査の結果を見ると、日本では「熱意がある」(engaged) 社員はわずか六%で、一三九か国の中で一三二位にとどまっている。なお他の機関によって近年行われたいくつかの調査でも、日本人のワーク・エンゲージメントは世界最低レベルである。日本人社員の仕事に対する意欲がいかに低いかを表している。

ところが同じ日本人でも、フリーランスは様相が異なる。法政大学の石山恒貴監修のもとで二〇一八年に行われた調査では、フリーランスのワーク・エンゲージメントは欧米と比べて遜色がないことが明らかになった(一般社団法人プロフェッショナル&パラレルキャリア・フリーランス協会「フリーランス白書2019」)。

これらのデータは、日本人も会社共同体の囲いから解放されれば、意欲と働きがいが高まる可能性があることを示唆している。そこには明るい未来が広がっているのだ。

二　消える承認の「床」と「天井」、そして「壁」

承認の「床」が抜ける？

では、日本人はこれから承認欲求をどのような形で満たそうとしているのか。

野村総合研究所が二〇一五年に一五歳から七九歳までの男女を対象に行った「生活者1万人アンケート調査」によると、「出世や昇進のためには、多少つらいことでも我慢したい」と答えた人は四一・六％と半数に満たない。それに対し、「自分の能力や専門性を高めることで社会的に認められたい」と答えた人は七四・〇％とほぼ四分の三にのぼる（複数回答）。

この数字を見ても、多くの人が内心では会社の枠にとらわれず広く社会的に認められたいと思っていることがうかがえる。その夢が、テレワーク時代の到来によって実現しやすくなったといえよう。

実際、会社のなかに比べると、外の世界は刺激も情報も格段に多い。当然、得られる承認の質も量も圧倒的に豊富である。

ただ当然ながら、それが無条件に獲得できるわけではない。明るい展望を語る前に、まずは暗い面に触れておこう。

テレワークが普及する以前、すなわち共同体型の会社組織にドップリと浸かっていた時代には人々の能力や意欲には「床」があった。会社の一員になるときは選別され、また共同体のメンバーとして一緒に働くことで、能力も意欲も一定水準以上に保たれた。それによって均質な仕事、均質な製品が求められる工業社会の要請に応えていたわけである。

同時に、それは承認の「床」でもあった。会社の一員である以上、会社の内でも外でもそれなりの人物として認められた。また社内では同僚として受け入れられ、濃密な人間関係のなかで日々の仕事やコミュニケーションを通して能力や個性が、さらに丸ごとの人間として承認された。そして常に上司や同僚から見られているという意識が、一定のモチベーションを保つ力になっていたことは否定できない。

要するに日本企業では共同体としての性格が色濃く、その影響力が大きいぶん、社員にとって承認の「床」がしっかりしていたといえよう。

その「床」の存在が、テレワークになると危うくなる。

第一章で述べたように、自宅で仕事をしていると共同体の一員としての包み込むような温かさ、全人格的な承認が期待できない。また「偉さ」を見せびらかすことも難しい。なぜなら「偉さ」の見せびらかしは、閉鎖的な共同体という相手が逃げられない空間のなかでこそできたのだから。

ただ全面テレワークの場合はともかく、対面とリモートのハイブリッド型なら出勤日に上司や仲間から直接認められるので、「床」は低くなっても〝抜ける〟ことはないだろう。しかも在宅で仕事をすれば、仕事以外の面では家族から承認される機会が増える。ただし仕事を家族によって妨害されないことが前提で、その前提が崩れると仕事上の承認さえ失いかねない。子育てなどをしながらの在宅勤務でしばしば経験することだ。

捨てる神あれば拾う神あり

いっぽうでテレワークには承認の「床」を上げる要素もある。

共同体のなかではすでに述べたとおり、承認もゼロサムである。そのため「裏の承認」に偏り、減点主義になりがちだ。また序列が固定化されやすく、とくに伝統的な企業ほどいちど出世競争から脱落すると敗者復活が難しい「トーナメント型」であることが明らかになっている（花田光世「人事制度における競争原理の実態」『組織科学』第二一巻第二号、一九八七年)。やや古い研究だが、現在も大きくは変わっていない。

さらに組織が閉鎖的であるため、いったん社内や仲間内で嫌われたら居場所がなくなりかねない。その延長にいじめや「村八分」があるといってよい。

その点、外の世界は対照的である。社内でダメ出しを食らった新商品をたまたま市場に出したところ注文が殺到したというケースや、組織のなかで認められなかった人がスピンアウトして起業し、大成功したようなケースはたくさんある。会社の外は、いわば「捨てる神あれば拾う神あり」の世界なのである。極論すれば世界に一人だけでも強力な支持者がいれば、ほかのすべての人に拒否されても活躍できるのだ。

しかもテレワークならネットで外部とつながりやすいので、会社を辞めなくても外部から認められる機会は増えるし、副業を認める動きが広がればいっそう認められる可能性も大きくなる。後述するように本業とは全く異なる領域で副業を始めて、活躍する人が続々と出始めた。

では、「天井」はどうか?

「天井」にも穴が開く

かつて就職活動中の学生が、つぎのように語っていた。

「会社説明会に行ったら管理職の人たちが、がんばったら三〇代で課長になれる、四〇代で部長になれるといった話をしてくれた。しかし、その場にいた課長や部長の姿を見ているとだんだん夢がなくなり、応募を辞退することにした」と。

「身のほど知らず」「思い上がるな」と叱られるかもしれない。ただ学生の弁護のためにいっておくと、課長や部長の地位が不満なのではなく、自分の職業人生に天井を架されることが不満なのだ。

会社のなかにいるかぎり、昇進には「天井」がある。そして報酬にも「天井」があるのが普通だった。しかも、実力があれば若くても幹部に抜擢され、ストックオプションなど青天井の報酬が与えられる海外の企業に比べ、日本企業の「天井」は低かった。高い地位や高額の報酬が実力のシンボルだと考えれば、「昇進や報酬の天井」は「承認の天井」でもある。

要するに共同体型組織では承認の「床」があるだけでなく、「天井」もあるということだ。

そこにテレワークが導入され共同体の枠が崩れてくると、「天井」が高くなり、さらに穴が開くようになる。

テレワークの普及と並行するような形でわき上がったのが、いわゆる「ジョブ型」雇用導入の声である。Works Human Intelligence が二〇二一年一月〜二月に大手一一九法人を対象に行った調査によれば、コロナ禍の前後でジョブ型雇用の導入に「積極的になった」「やや積極的になった」という回答が計一五・一％存在する。この数字そのものはさほど大きくないが、テレワークを機にジョブ型の導入に積極的な法人がこれだけ増えたことはやはり注目すべきだろう。

では、ジョブ型雇用の導入がなぜ承認の「天井」を高くするのか。

日本でいう「ジョブ型」雇用はまだ定義が確立されているといえないが、その名称からしても欧米で一般的な「職務主義」を念頭に置いていることは疑いがない。

第一章で説明したとおり、欧米企業では社員一人ひとりの果たすべき役割、求められる資格や能力、報酬額、福利厚生などを詳細に記した職務記述書が存在する。社員はその職務記述書に記載された範囲でのみ仕事の責任を負うわけである。そして上位の役職に応募するなどして職務のグレードが上がれば、地位も給与も上がる仕組みになっている。

したがって、ジョブ型の導入以前に比べると、実力次第で高い地位や報酬を獲得できる可能性が大きくなるわけである。欧米や中国などのように、若い時期から「ビジネスエリート」として尊敬や賞賛を集めることも不可能ではない。

またジョブ型雇用の導入にまでは踏み切らないまでも、テレワークを取り入れたことをきっかけに成果を重視する評価制度に切り替えた企業は少なくない。在宅などで仕事をしていると、勤勉さやがんばりといった態度・意欲で評価することが難しくなってきたためである。実力を認めてもらいやすくなったという意味では、承認の「天井」が多少高くなったといえるかもしれない。

ただ、人事評価制度や報酬制度の枠内では自ずと限界がある。とくに日本では共同体型組織そのものが崩壊しないかぎり、いくら大きな成果をあげても欧米企業や中国企業のような高額の報酬を手にすることは難しい。承認の「天井」が格段に高くなり、さらに穴が開くのは後述する人事制度の枠外に出てからである。

そもそも会社の枠のなかに留まるかぎり、いくら活躍しても一流企業のトップの地位にでも就かなければ社会的には無名である。唯一、部長や課長といった役職の肩書きだけが社会的通用性を有していたが、すでに述べたとおりその威光も薄れてきている。

ところがテレワーク導入の直接的・間接的な影響によって、会社に属しながらも社外に名を馳せたり、名声を獲得したりすることが夢ではなくなってきた。

三　副業が「個」を解き放つ

「副業解禁」のインパクト

その象徴が、テレワークの普及と連動するように広がりを見せている副業、兼業である。なお副業と兼業は厳密にいうと同じでないが、ここでは「副業」に統一する。

副業の特徴は多くの場合、個人が会社の傘の下から離れ、市場や世の中に直接さらされることである。「井の中の蛙」が大海に出たようなものだ。

したがって会社のなかではそれなりの地位に就き、能力や業績を評価されてきた人でも、一歩会社の外に出るとまったく評価されず、仕事に就けないといったケースが少なくない。たとえ仕事が得られても、あまりの低評価に愕然とすることもある。もちろんその逆もあり、社内では存在感の薄かった人が、たまたま始めた副業で水を得た魚のように活躍するケースもある。

いずれにしても多くの人にとっては、副業することではじめて「個」としての自分が組織から解き放たれ、純粋な自分の価値が問われるようになる。とくに日本のように組織の内外を隔てる「壁」が厚い社会では、承認の落差も大きい。

副業と承認欲求の関係について論じる前に、まず副業の実態から見ていこう。

欧米では民間企業の社員も公務員も、明確な理由がないかぎり副業は禁止されていない。それに対し日本では、法律で禁止されている公務員はもちろん、民間企業の社員も一般に副業が認められていなかった。健康管理や労働時間管理が難しいこと、本業に支障が出ることなどが表向きの主な理由である。

ただ、そうした理由はあまりにも抽象的だ。しかも全社員に広く網をかけている実態を見ても、ほんとうの理由は別にあることがうかがえる。背後に透けてみえるのは、会社として、また管理職として社員を共同体のなかに囲い込んでおきたいという本音である。囲い込んでおけば社員は少々待遇が悪くても辞める心配がないし、無理な要求でも聞いてくれるなど、会社にとって有利な点が多かったのである（太田肇『囲い込み症候群

——会社・学校・地域の組織病理』筑摩書房、二〇〇一年)。

政府もまた、かつては副業解禁に消極的で厚生労働省のモデル就業規則では、労働者の遵守事項における副業・兼業に関する規定で「許可なく他の会社等の業務に従事しないこと」と定めていた。

ところが数年前から政府は、成長戦略、働き方改革の一環として副業を推進する方向に大きく舵を切った。厚生労働省は前記の規定を削除し、二〇一八年に策定した「副業・兼業の促進に関するガイドライン」では、企業の対応についての考え方として、「原則、副業・兼業を認める方向とすることが適当である」と明記した。原則禁止から原則容認へと、方針を一八〇度転換したのである。

企業にとっても社員の副業は前記のようなデメリットがある反面、社員のモチベーションアップ、優秀な人材の獲得・定着、社員の能力開発やイノベーションの促進といった期待やメリットがある。情報化やグローバル化など企業を取り巻く環境の変化にともない、副業を認めるメリットがデメリットを上回るようになったのだ。

そこへ突如襲来したコロナ禍と、それを機に急速に広がったテレワークにより、副業解禁の潮流はいちだんと勢いを増す。

パーソル総合研究所が行った調査によると、「条件付き」も含めて社員の副業を容認している企業の割合は、コロナ前の二〇一八年は五一・二％だったのが、コロナ後の二〇二一年には五五・〇％へ三・八ポイント増加している。とくに全面容認している企業は一四・四％から二三・七％へ大幅に増えている。副業の禁止と引き替えに安定した生活を保障することが難しくなったうえに、テレワークのもとでは副業の禁止そのものが現実的に困難だという事情もあるのだろう。

経団連もまた、二〇二〇年一一月にまとめた「新成長戦略」のなかで、働き方改革の一環としてテレワークと並んで副業を奨励している。背景にある理由は、テレワーク環境が整ってきたためネットを介した副業が行いやすくなったこと。それに加えて、コロナ禍で仕事が減った企業や業種から、労働力不足の企業・業種への労働力移動を図ろうという意図がうかがえる。

つぎに、実際に副業をしている人に視線を転じると、収入増や生活のために行っている人と、自分の能力を発揮し可能性を広げようとしている人に大別できることがわかる。たとえば労働政策研究・研修機構が二〇〇七年に副業をしている理由について尋ねた調査では、「収入を増やしたいから」「1つの仕事だけでは生活自体が営めないから」が一位、三位を占めるいっぽう、「自分が活躍できる場を広げたいから」「様々な分野の人とつながりができるから」という回答も二位、四位と上位にあがっている（複数回答）。

ここでは副業の可能性を追求するという趣旨から、活躍の場を求めて、あるいは外部につながりを求めて副業をする人のほうに注目し、副業によって承認の「天井」や「壁」にどんな穴が開くか、実際のケースを交えながら説明しよう。

副業で社会的な尊敬を得るチャンスが

ソフトウェア開発会社のサイボウズは就業規則で、「正社員は、会社の資産を毀損する可能性のある場合を除き、副業を行うことができる」と定めており、勤務時間外であれば副業は基本的に何でもＯＫで会社に報告する義務もない。社員の三割くらいが実際に副業をしているようだという。副業の例としては、他の会社やＮＰＯに勤務する雇用的なもののほか、カメラマン、ユーチューバー、経営コンサルタント、カレー屋、小説執筆など自営的なものも多い。

同社では「一〇〇人いれば一〇〇とおりの人事制度があってよい」という考え方のもと、働き方、働く場所・時間が選べるようになっていて、コロナ禍以前からテレワークをはじめ徹底した自由な働き方が実践されている。副業もその延長線上にあるので制約が少ないのだ。

ここで注目したいのはNPO勤務、カメラマン、ユーチューバー、小説執筆など、典型的なビジネスの世界から離れた副業をしている人が多いことである。他の会社を見ても副業で地方自治体の議員、教育、福祉といった仕事に携わっている人は少なくない。

これらの仕事の多くは営利を主目的にしていないので、経済原則に支配される営利企業では得られないような性格の承認が得られる。最近は副業でコンサルタント、講師、アドバイザーなどとして働く人も増えているが、彼らの多くは、自分にとっていちばんの報酬はクライアント（顧客）からの感謝だと口にする。また行政の隙間を埋める活動など、公益に直接貢献する仕事では、地域の住民や世間の人たちから感謝や尊敬といった承認を受け取れる。いっぽうにはコンサルタントや講師の仕事が人気を博し、有名人になった人もいる。

ただ一般論としていえば、営利を主目的としない仕事の多くは、安定した生活が送れるほどの収入は得られにくいのが現実だ。したがって、それを専業にするにはハードルが高い。つまり安定した収入が得られる本業があってこそ、できる仕事だといえる。本業は生活の糧を得るためと割り切り、副業で自己実現欲求や承認欲求を満たすという生き方が少しずつ定着しつつあるようだ。

しかも、そこには単なる生活のリスクヘッジ以上の意味がある。

すでに述べたように共同体型組織にドップリ浸かっていると「場」の空気にしたがい、周囲に同調しなければならない。ところが副業という形で別の世界を持ち、一つの組織に依存しなくなると、仕事をするうえでも会社に対しても強気な態度がとれるようになる。いざというときの「逃げ場所」ができるからである。

それは得られる承認の質にも関わってくる。共同体型組織では和を乱さず序列を守ることで認められる「裏の承認」を重視せざるを得なかったが、別の世界を持てばそれを気にせず「表の承認」を求めることができるようになる。

その象徴が起業である。ベンチャーを立ち上げるなど起業するうえで最大の敵は「出る杭を打つ」風土や組織の同調圧力だといっても過言ではない。成功するためには「突出」することが必要だからである。

起業の原動力は強い承認欲求

ところで起業家や技術者といえば、仕事そのものからくる内発的モチベーションや、目標を達成しようとする達成欲求、自己実現欲求などに駆られ、仕事に没頭しているイメージがある。たしかにそれが仕事の大きな原動力になっている場合が多い。しかし現実には、その背後に（あるいはそれと並んで）強い承認欲求があり、仕事へのモチベーションになっていることを見逃してはいけない。

私がかつて全国の大企業に雇用されている研究者や技術者などを対象に行った調査では、彼らが専門分野で活躍し、同じ分野の仲間から認められたいという意識を強く持っていることが明らかになった（太田肇『プロフェッショナルと組織——組織と個人の「間接的統合」』同文舘出版、一九九三年）。日夜仕事に励むその先には、「いつか認められたい」という夢があるのだ。

それが起業家になると承認欲求、とりわけ尊敬の欲求の強さがいっそう鮮明になる。アドビ・システムズの共同経営者であるジョン・ウォーノック（以下、W）とチャック・ゲシュケ（以下、G）は、ゼロックスPARCを辞めて起業した理由をつぎのように語っている。

G：みごとな製品をつくっても、誰にも使ってもらえない。

W：詩人が詩を書いて、誰にも読んでもらえないようなものです。プログラマーというのはたいてい、市場をあっと言わせるのを楽しみに働いているんですよ。「こいつはすごい。百万人もの人間がオレの書いたコードを使うぞ」って。

G：初めて、誰かに手をさしのべられて「握手してください。あなたのつくられた製品が私の人生を変えた」と言われる。最高の満足ですよ。その気持ちが起業家精神本来のものかどうかはわからないけれど、ほかの何にもまして、はるかに強い動機になっていますね。

W：お金とか何とかも悪くはありません。でも、お金のためにアドビを始めたんじゃない。同列に論じることじゃないんです。お金は、どちらかというとものさしです。どのくらいうまく事業をやってきたかとか、市場に与えた影響を測るものですね。

〈R・D・ジェイカー、R・オーティズ〈日暮雅通訳〉『世界を動かす巨人たち――シリコンバレーの16人の起業家』トッパン、一九九八年、一九七―一九八頁〉

テレワークが切り開くシームレスなキャリアチェンジ

副業解禁は、その起業家への道を開く。

かつて「専業禁止!!」という衝撃的なフレーズで世間の注目を集めた、エンファクトリーという会社がある。オンラインショッピングやプロジェクト開発を手がける同社では、実際に専業、すなわち副業をしないことが禁止されているわけではない。しかし「会社に対して必要な貢献をしているかぎり自由」という方針のもとで、社員の多くが副業をしている。なかには年商が億単位の事業を副業で行っている社員もいるそうだ。

同社にかぎらずテレワークの普及率が高い情報・ソフト系の企業では、副業をきっかけに独立・起業するケースは少なくない。この数年、目立つようになった新たな潮流である。

社員の独立に対する企業の姿勢も変わりつつある。

かつての日本企業では社員の独立を会社にとって「損失」ととらえ、独立を防ぐために副業を禁止している企業もあった。そのため会社に内緒で副業をしているケースもあり、正確な副業の実態がつかめなかった。

それに対し中国や台湾、それにアメリカのシリコンバレーなどでは副業からの独立をタブー視するような風潮はなく、独立・起業した人が元いた会社とアライアンスを組んで共存共栄を図っているケースがたくさん存在する。なかには事業拡大のため、一部の事業とともに社員が独立することを促してネットワークを広げる戦略をとっている企業もある。

国内でもマッキンゼーやP&Gなど外資系企業を中心に最近、「アルムナイ」と呼ばれる退職者のネットワークづくりに力を入れる企業が増えてきた。四〇歳前後で転職や独立する企業文化が定着しているリクルートでは「元リク」というネットワークが昔から知られているし、先に紹介したサイボウズやエンファクトリーも退職者との提携に力を入れている。

起業はもともと失敗のリスクが大きい。その点で副業からの起業は、生活のリスクを減らせるという魅力がある。成功の見通しが立ったら独立する人は少なくない。またベンチャー企業などのなかには、いちど退職して起業しても失敗したら再び雇用する「ジョブ・リターン採用」を行っているところもある。

このように日本でも雇用と自営とがシームレスにつながってきたのが近年の趨勢である。

コワーキングスペースが承認の場に

さらに本業と副業の区別もあいまいになりつつある。人によっては勤務先の会社から受け取る所得を上回る収入を副業で稼いでいるし、ベンチャーなど新興企業で働く社員のなかには、同時に自分で会社を経営している人も珍しくない。大企業のなかにも特殊な専門能力を持つ会社経営者を、経営者のまま契約社員として採用するケースがある。つまり本人にとって会社経営が本業であり、会社勤務は副業になる。このような時代の変化を反映して、「副業」ではなく「複業」という名称も使われるようになったくらいである。副業の解禁は、企業社会を大きく変える可能性をはらんでいるといえよう。

見逃してならないのは、副業がこれだけ広がった背景にはテレワークの普及があったこと。そして副業の多くは対面を中心にしたリアルな働き方をしているということ。つまりテレワークが、リアルな活動の機会も広げているわけである。そしてリモートだけでなく、リアルな活動もとおして承認欲求を高い水準で満たしているところに注目したい。すでに述べたように、リモートだけでは承認欲求を十分に満たせないのだ。

そのリアルな承認の場の一つとして、各地に続々と登場するコワーキングスペースがある。なかにはテレワークから起業へつなぐ架け橋としての役割を果たしているものもある。

福岡市に拠点を置くThe Companyはその一つだ。同社では、会員である大企業や中小ＩＴ企業などの社員やフリーランスにテレワークを行う場（シェアオフィス）を提供すると同時に、会員どうしが集い、一緒にプロジェクトを立ち上げるのをサポートしている。施設内には会員どうしのマッチングをサポートする専任のスタッフが常駐していて、仲介役を果たしているのである。実際に、そこから新たなビジネスが生まれるケースが多いという。

すでに述べたように、とくに日本社会では在宅勤務だと孤独になりがちであり、いっぽう会社では共同体の束縛やプレッシャーを受けやすい。したがって在宅と出社それぞれの欠点を補い、承認の場を広げるものとして、コワーキングスペースの果たす役割は大きい。実際にそこで所属を超えた交流が生まれ、ビジネスの起点にもなっている。大阪に本社を置くPeople Treesという会社もユニークだ。同社のメンバー約二〇人は、二名の代表社員を除きすべて大企業などに勤務する副業者や、かつて大企業で働いて現在は独立している兼業者である。メンバーは本業で身につけた知識や専門能力を活かしながら、主にリモートでコンサルティングや他社の人事制度づくりなどの業務を行っている。

もしかすると今後、これらが新しいタイプの組織としてさらなる進化を遂げ、存在感を増してくるかもしれない。

崩れる会社の「壁」

ここまで承認の「床」と「天井」に注目し、テレワークでどれだけ承認される機会が広がるかについて述べてきた。

つぎに視線を垂直から水平方向に移し、テレワークによってどれだけ広い範囲で承認が得られるようになるかを考えてみよう。

デジタル情報は、さまざまな境界を容易に越える。

コロナ禍によって加速したオンライン化は、会社の壁だけでなく地域や国の壁も薄くした。それはつぎのような数字にも表れている。オックスフォード大学などの調査では、世界の英語のオンライン仲介事業者に集まる仕事の数が、二〇二一年七月時点で二年前に比べ約三割増えた（二〇二一年七月二五日付「日本経済新聞」）。

仕事の範囲が広がれば、当然ながら認められる機会も増える。実力があれば世界中から認められる可能性が出てきたのである。

また日常的にも会社の外で仕事をするようになると、これまで会う機会がなかった人とコミュニケーションがとれ、コラボレーション（協働）できるようになる。テレワーク以前は日常的に承認してくれる人といえば対面して働く上司や同僚か、せいぜい社内の人、かぎられた取引先くらいだった。テレワークにより、承認してくれる人の範囲が理屈上は無限に広がるわけである。

さらに外部の人や情報と接する機会が増えれば、転職の機会も増える。前述したとおり、実際に大企業でもテレワークの浸透と並行するように転職が増加する傾向が見られる。それも大企業の場合、コロナ禍での待遇悪化などによるプッシュ型ではなく、積極的なプル型の転職が多いといわれる点は注目に値する。そして自分が希望するところへ転職すれば、期待どおりの承認が得られるチャンスも広がる。

そのうえテレワークによって場所的な制約から解放されると、仕事を離れた生活でも新たに承認の場が広がる。それは単にプライベートで認められる機会が増えるだけにとどまらない。

第二章で取りあげた「徳山道助」や第三章の「マイルドヤンキー」に象徴されるように、昔もいまも自分が生まれ育った地元に愛着を抱く（もしくは執着する）人はかなりいる。親族をはじめ幼友達や同級生、近隣の人たちに認められたいという願望は、承認の形や表れ方は違っても多くの人の心の底流に横たわっているのだろう。

しかし、これまでの日本企業とりわけ大企業はその願望を叶えないばかりか、むしろ意図的に断ってきた感がある。事実、企業によっては新入社員をわざと親元から離れた地域に赴任させる方針をとっているところがあるし、そうでなくとも「適材適所」や「公平性」という建前のもと、本人の希望と関係なく国内外に配属し、数年単位で異動させてきた。ややうがった見方をするなら、会社という擬似共同体に全面的に帰属させるため、出身地など本物の共同体から切り離してきたのかもしれない。もちろん一般職や地域限定社員といった選択肢はあるが、それも社員にとっては出世を取るか、地域に根付いた生活を取るかという「踏み絵」を突きつけられていたといってよい。

ところが労働力の流動化が少しずつ進み、共働きも増えてきたため、そのような企業の人事方針が維持しづらくなってきた。そこへテレワークが一気に広がり、企業も社員の隠れた願望に耳を貸さざるを得なくなったのである。企業のなかにはＮＴＴのように在宅勤務やサテライトオフィスを活用し、転勤なしで働き続けられる制度を取り入れる動きもある。

さらにテレワークは、もっと積極的な形で働く人と地域との結びつきを強める。

ウェブサイトやデザインコンテンツを制作する会社に勤めているデザイナーのF氏は、数年前から仕事と生活の拠点を東京の本社から故郷である近畿地方北部の小さな市に移した。現在は地元にオフィスを設け、本業のかたわら高等学校で映像制作を教えたり、地域の観光ツアー企画に携わったりしている。

行政もテレワークによる地域貢献を、直接・間接に後押しするようになった。たとえば京都府の宮津市では二〇二一年にプロフェッショナル人材を全国に公募し、七人の「MIYAZU未来戦略マネージャー」を採用した。採用された人は副業として宮津市の観光資源開発や、ふるさと納税の商品発掘といった仕事に携わっている。また国内外の企業に勤務する人が地方に移住し、地域で開業するのをサポートしている自治体もある。

全国どこの会社に勤めていても好きなところに定住し、自分の専門能力で地域に貢献することができるようになったわけである。当然、そこでは貢献と引き替えに感謝や尊敬といった形で承認を得られる。「どこにでも住める」という段階の一歩先を行く働き方だといえよう。

時間の「壁」も消える

もう一つは時間の「壁」であり、それもまたテレワークによって越えられる。テレワークも雇用関係にある以上、基本的に労働基準法のもとで労働時間により管理される。しかし働き方の性質上、勤務時間中でも少々の私的活動は容認されるケースが多い。会社と社員の力関係にもよるが、公私の区別が比較的あいまいなぶん、出社しているときより時間の制約を受けにくいといえよう。

ただ承認欲求との関係からは一日、一週間といった短期ではなく、もっと長い時間軸でとらえる必要がある。

大きな影響として、テレワークは年齢による「壁」も薄くする方向に働く。

第一にホワイトカラーの場合、通勤の負担がなくなると加齢に伴う肉体的なハンディは大半が克服される。自宅で仕事ができれば自営業や自由業のように、知的能力が衰えないかぎり働き続けられる。事実、弁護士や税理士のような「士業」、それに作家や芸術家のような職業では七〇代、八〇代、なかには九〇代になっても現役で活躍している人がいる。

第二にテレワークの導入にともなって年功制が見直され、「ジョブ型」など仕事重視の雇用システムが広がれば、定年を引き上げたり、撤廃したりする企業が増えてくると考えられる。現に大手企業のなかにも能力があるかぎり、何歳になっても雇用し続ける企業が現れてきた。

そもそも知的な仕事の場合、加齢に伴う能力の低下は年功制による「見せかけ」の部分が大きいと考えられる。

興味深いデータがある。日本生産性本部が一九八八年〜九〇年に日本、アメリカ、イギリス、ドイツそれぞれの代表的な大手企業で働く技術者一七七四人を対象に行った調査で、「あなたの周囲を見て技術者として第一線で活躍できるのは、平均的にみて何歳ぐらいまでとお考えですか」と聞いたところ、日本では「30歳台前半」〜「40歳台前半」が合計七七・四％と四分の三以上を占めた。対照的に他の国ではいずれも「30歳台前半」〜「40歳台前半」の合計が一割前後に過ぎず、「年齢に関係ない」という回答が七割を超えている（日本生産性本部「技術者のキャリアと能力開発に関する国際比較」福谷正

信『研究開発技術者の人事管理』中央経済社、二〇〇七年、二五〇頁）。

日本人と欧米人の頭脳に器質的な大差があるはずはない。私は、それをつぎのように解釈している。

年功制のもとでは年齢とともに給料が定年近くまで上がり続ける。いっぽう知的能力は加齢によって衰えないばかりか、むしろ上がり続けたとしても給料の上昇には追いつかないのが普通だ。その結果、能力・貢献度と給料のギャップが目立つようになる。それを能力の「低下」「限界」ととらえるのではないか。

だとしたら、かりに年功制を完全になくすれば、加齢による知的能力の低下や限界はかりにあるとしても小さくなり、高齢になっても第一線で活躍できるはずである。

そして第三に、副業が文字どおりの「生涯現役」へ道を広げる。

これまでの雇用制度では、独立するにしても定年前後からというのが通例だった。そのため実際に就ける仕事の種類はかぎられており、本格的に活躍できる人は少なかった。それに対し、三〇代、四〇代といった若い時期から副業で自営業や自由業を始めれば、本業で定年退職してもそのまま独立して仕事が続けられる。健康とやる気さえあれば年齢に関係なく現役で働き、社会から尊敬され認められるわけである。

これらはいずれも、テレワークが起点になっていることを忘れてはいけない。

テレワークで得をする人

ここまでテレワークによって広がる可能性について述べてきたが、テレワークの恩恵は、すべての人が平等に享受できるわけではない。それは承認についても同じだ。

単純化していえば、テレワークの恩恵は社内の序列と反比例する。

平均的な労働者にとって、年功制のもとでは若いうちは会社への貢献度以下の報酬しか受け取れないが、中年を過ぎると貢献度を上回る報酬を受け取ることになる。

注目すべきなのは、それが社内で得られる承認とかなりリンクしている点である。一般に給与や地位は建前上、仕事の重要度や能力に応じたものとされている。そのため重要な仕事は地位の高い人に与えられるケースが多い。

そして組織のなかでは地位の高い人が認められる構造になっている。たとえば社内でも、社外に向けても地位が高い人ほど表に出る機会が多い。社内の会議で部署を代表して発言するのも、社外で重要な説明や交渉をするのも主に管理職だ。

とりわけ日本の組織は執務体制が集団主義的で、個々人の貢献度も正確に把握できないため、ときには部下のアイデアや貢献を上司が合法的に「横取り」する場合もある。仕事は組織でするものだという建前のもとでは、たとえ部下の手柄でも部署を代表する管理職のものと見なされてしまうのである。

したがって年齢が若く地位が低い人にとっては、金銭的報酬だけでなく承認という非金銭的報酬についても、本来受け取れる水準以下しか受け取っていないことになる。だとしたら、会社の外で能力や業績が評価され、それに見合った承認が得られるテレワークは若い人にとって得だという理屈になる。

もちろん、それは若い人にかぎらない。社内で能力を発揮できる仕事を与えられていないと思っている人や、評価が不当に低いと感じている人にとっては、テレワークで外部のネットワークに参加したり、副業をしたりすることで正当な評価（承認）を得るチャンスが生まれる。

ただテレワークはあくまでも一つの手段に過ぎない。大事なポイントは、テレワークを利用して「外に出る」ということである。

四　日本人が捨てるもの、生かすもの

前章までに見てきたように日本人の承認欲求の表れ方、満たし方には二つの特徴があった。

「濃い関係」の強み

一つは、濃密な人間関係のなかで仕事の能力や業績にとどまらず、全人格的に認められるということ。もう一つは「偉さ」の序列が存在し、それを見せびらかすことによって承認欲求、とりわけ「尊敬の欲求」を満たそうとすることである。

二つとも共同体型組織という日本特有の組織を前提にしている。ところが、共同体型組織そのものがグローバル化やデジタル化、それに経済水準の向上や社会インフラの整備などによって時代に合わなくなってきた。そこへ突然やってきたコロナ禍とテレワークが、共同体型組織の限界を決定的なものにしたといってよい。

では共同体型組織から脱却すると同時に、日本人特有の承認欲求の表れ方も、満たし方もすべて否定し、ただ表面的な欧米型の社会像を目指せばよいのか。

たしかに会社共同体の呪縛が解かれ、働く人たちが外の世界につながるようになれば、

承認されるチャンスは広がる。しかし上っ面だけで欧米型社会をとらえて見習うだけでは、いつまでも欧米を追いかけることになる。グローバルな時代だからこそ、安易なキャッチアップ型の思考から脱却すべきなのではないか。

そこで冷静に足下を見つめてみると、共同体型組織に特有な人々の関係性や行動様式のなかには、むしろ強みとして生かせるものがあることがわかる。

その一つが、共同体のなかで育まれてきた「濃い関係」である。もちろんそれは諸刃の剣で、これまで述べてきたように現在は「功」より「罪」のほうが上回るようになった。けれども濃密な人間関係のなかで磨かれてきた関係性の機微、とりわけ緻密な承認の交換システムは、グローバルな時代に強みとして生かせるはずだ。共同体型組織そのものは解体しても、そのなかに存在した人間関係資産まで捨てるのはもったいない。英語のことわざでいう、「産湯と一緒に赤子を流す」ようなことをすべきではないのである。

第一章、第二章で述べたように日本の企業組織は共同体的な性質を併せ持っていて、そのメンバーである社員は微妙な序列意識や、「認め―認められる」応報的な人間関係のなかで承認欲求を満たすすべを身につけてきた。

もっとも、このような関係そのものは必ずしも日本人の専売特許ではない。

よく知られているように華僑は、地縁や血縁を基盤にしたネットワークを世界中に築いてビジネスで成功を収めてきた。閉ざされた関係のなかにおいてのみ共有される特殊な情報、信用、利害が強みとして生かされたのである。

いっぽうアメリカ社会といえば開放性やユニバーサリズム（普遍主義）のイメージが強いが、ビジネスパートナーとの信頼関係は強固だ。シリコンバレーに象徴される起業家のネットワークも、互いに知り尽くした濃い人間関係で成り立っているケースが多い。直接の仕事を離れた友人どうしの仲間集団も意外と閉鎖的な面があるし、スポーツや趣味、政治思想など気の合う人たちがさまざまなコミュニティを形成している。

それでもなお日本の強みは失われていない。会社はもとより地域、社会全体が共同体的な性格を帯び、そのなかに身を置いてきた日本人は、ある意味でいっそう洗練された関係づくりの知恵を身につけている。そこに日本人のアドバンテージ（有利な点）があるといえよう。

これまで組織のなかで磨いてきたデリケートな関係性を、外の世界に生かすのである。たとえば贈答の習慣、恩や義理、それにF・フクヤマがいう「高信頼社会」（F・フクヤマ〈加藤寛訳〉『「信」無くば立たず』三笠書房、一九九六年）、等々。これらはいずれも互酬性に裏打ちされた関係であり、しかも長期的な利害まで射程に入れた無形資産だ。その長期的な互恵関係を担保しているものが承認だといってよい。恩知らず、義理を果たさない者、信頼を裏切る者は承認という重要な財産を失うことを覚悟しなければならない。

こうした関係性は短期的な利害による取引の弱点を補うものであり、功利主義と市場原理が貫徹するグローバル社会では逆にいっそう貴重になる。

「濃い関係」の強みの一つは、参入障壁が高いことである。いわゆる暗黙知を共有し、信頼関係が築けるのはかぎられた人たちの間だけであり、だれでもメンバーとして加われるわけではないし、同じようなネットワークをすぐにつくれるわけでもない。したがって「濃い関係」を有する者は、長期にわたって特殊利益を獲得し続けられるのである。

とくに「濃い関係」のなかで得られる情報は、グローバル化、ソフト化の進んだ今日、いちだんと貴重な価値を持つようになっている。インターネットなどの普及によって、だれでも、どこにいても瞬時に必要な情報が得られるようになったが、そこで得られるのはあくまでも一般的な情報である。自分が得られる情報は、ライバルも同じように獲得できる。つまり遍在する情報の獲得は、必要条件であっても十分条件ではないのだ。

ソフトの世界では情報の質が決定的に重要である。それがすべてだといってもよい。だからこそ、ユニーク（唯一）で質の高い情報が得られる「濃い関係」が競争を勝ち抜くうえで強力な武器になるのである。

なお日本企業はこれまで下請けや企業グループなど組織間で「濃い関係」を築いてきたが、ＩＴ化や経済のソフト化によって組織単位での濃い関係性を維持するメリットが薄れた。このことは「市場か組織か」という議論（前章）で説明したとおりである。そこで述べたような理由から組織間における「濃い関係」のメリットが薄れ、また維持困難になっても、個人間ではけっして存在価値がなくなるわけではない。言い替えるなら関係性の主体が、組織から個人に代わるほうが効率的な場面が増えたのである。

大事なポイントは、会社共同体のなかにおける「濃い関係」ではなく、外でそれを生かすこと。そして関係づくりが目的ではなく、あくまでも手段であるということである。その意味では信頼関係で結ばれた上司と部下、同僚どうしの「絆」、それに前述したリクルートの「元リク」や、近年注目されている「アルムナイ」なども強みとしてさらに生かせる可能性を秘めているといえよう。

表面的にはグローバル化社会で足かせとなりかねない「濃い関係」だが、換骨奪胎して強みに変えることで、逆に日本人が世界のビジネス界を生き抜くうえで貴重な財産になりうるはずだ。

「見せびらかし」文化の復権

もう一つは、承認欲求とりわけ「尊敬の欲求」を高い水準で満たす手段として、また強力なモチベーションの源泉として「見せびらかし」を再評価することである。

すでに述べたとおり日本人は自己効力感を得るためにも、社会的に認められることが必要である（第一章）。そしてテレワークが普及し、進化すれば承認される機会はこれまで以上に広がる。その可能性は無限大だといっても過言ではない。しかし見落としてならないのは、〈承認される〉のと〈承認欲求が満たされる〉のとは別だという点である。いくら周囲から認められ、尊敬されても内面にある承認欲求が満たされるとはかぎらないのだ。

第一章で説明したとおり、テレワークで承認欲求をすべて満たすことはできない。テレワークはあくまでも「ワーク」であり、仕事の手段としてはともかく、職業生活全体をリモートで完結させることは不可能だといってもよい。

未知の情報や刺激なども含め、リモートで伝わらないものがあまりにも多すぎるからである。いま話題のバーチャルリアリティ、メタバースなどが進化しても、おそらくリアルな世界に取って代わることは不可能だろう。

なかでもとくにナイーブな欲求の発露である「見せびらかし」は、リアルな世界でこそ通用する。相手に見せびらかし、その反応を五感、あるいはそれ以上の感覚で知覚し、満足するという連鎖が成り立つのである。だからこそ大部屋での人間的なふれあいや飲み会、接待といった俗っぽい世界を必要とするのだ。

日本社会特有の「濃い関係」のなかにおける見せびらかしは、承認欲求を高い水準で充足させる。そこでは嫉妬、意地、面子のような屈折した承認欲求もまた強く表れやすい。しかし嫉妬が相手の優越感を満たすことや、嫉妬や意地のような感情が解消されたときに満足感が得られることなどを考えるなら、それらのドロドロとした感情もまた承認欲求を充足させるための要素であることがわかる。つまり承認欲求の「光」と「影」は表裏一体だといえる。

問題は、会社組織という閉ざされた共同体のなかで見せびらかしが行われていたところにある。社内での見せびらかしは、閉鎖的で逃げ場のない空間のなかで行われ、固定的な上下関係が後ろ盾になっている点で健全なものとはいえない。そのうえ、見せびらかしがしばしば客観的であるべき仕事の領域を侵食し、仕事のムダや非効率といった副作用を招くことも多い。

「偉い」から「すごい」「さすが」……へ

そこで、まず見せびらかすものの中身を見直さなければならない。

「偉い」の英語はgreatだが、日本語だと「偉ぶる」とか「偉そうに」などの言葉から連想するように、不遜、威張る、見下すといったネガティブなイメージがついて回る。しかも基準が一元的であり、ときには身分的な序列にまでつながるおそれがある。

そもそも偉さの見せびらかしは、開かれた世界では構造的にも成り立たない。偉さが一元的な尺度である以上、必ず「偉い人」と「偉くない人」ができてくる。承認欲求を満たせるのは偉い人だけなのだ。したがって会社のように閉ざされた共同体ならともかく、出入り自由な場では留まることによほどのメリットがないかぎり、偉さを見せつけられる人は退出してしまう。つまり開かれたコミュニティでは、偉さを見せびらかすこと自体が困難なのである。

では、「偉い」に代わるものは何か？

条件としては、まず能力、実績、個性などがそれぞれ多様な次元で認められること。また欲求の性質上、そこには多少なりとも人格的な承認が含まれていなければならない。

実際にこの後で述べるような場で交わされる会話のなかから、その条件に合う言葉を探すと、「すごい」とか「さすが」といった言葉が浮かび上がってくる。ちなみに「偉い」という表現は、社会的に名声が確立された人に使われるくらいでよいのではなかろうか。

つぎの課題は、それを見せびらかせる場をどこに見つけるかである。

視野を広げてみると、見せびらかしは、必ずしも閉ざされた共同体のなかで行われているとはかぎらないことがわかる。会社のような組織に属さない人たちも、「社交の場」という名のもとに各自の能力・実績や個性などを見せびらかす機会をつくってきた。

農村では昔から農作業の合間、合間に祭や宴が催されてきたし、商店主や士業の人たちにとっては会員どうしの親睦旅行、ゴルフコンペ、交流会などがその役割を果たしている。宴会で興が乗ると参加者はだんだんと本心を吐露するようになり、自分がどんな仕事をしたか、それにどれだけの価値があるかをアピールしたり、仲間内での人望を競い合ったりする。

孤独な職業と見られがちな作家や芸術家たちも、バーやサロンでは他人の作品を批評しながら自分の作風や表現力、視点のユニークさなどをそれとなく自慢する。学者の世界ももちろん例外ではない。学会の懇親会などでは、勲章をもらった人、有識者会議の常連、ベストセラーを出した人などは取り巻く人たちに、選ばれた人しか知らないエピソードを誇らしげに披露する。

社交の場は「承認の場」「見せびらかしの場」でもあるのだ。

会社のなかにも新たな動きが

そして会社などで働く人たちの間にも、旧来の共同体秩序が揺らぐのと連動するかのように、これまでとは違った動きが見られるようになった。若手が中心になってプロジェクトを推進しているような会社では、若手も遠慮なく自分をアピールする姿を目にする。

忘年会や新年会もかつては会社行事の一環としてトップダウンで運営され、幹部の「ハレの舞台」になっていたが、近年は若手主導のボトムアップ型が広がってきている。定番の幹部による挨拶や乾杯の音頭といったたぐいのものはなく、大学の飲み会やサークル活動の延長のようなノリだ。その場を覗くと、抑制された「チラ見せ」以上の自己主張があふれている。

また若手ビジネスパーソンの間では、ふだんネットで交流する人たちが集まって「オフ会」を開くケースも増えている。会社のなかと違って若者も過度な気遣いや遠慮をする必要がないので、それぞれが自分のキャラを発揮し、互いにほめたり讃えたりする。耳を傾けてみると「あなたのコンサルはいつも的確だから是非またお願いしたい」と仕事を依頼されたり、「○○さんがいたらプロジェクトに軸ができるのでメンバーに加わってもらおう」「あの人は副業で年に○千万円も稼いでいるらしいよ」といった会話が交わされたりしている。

テレワークを利用して地方に移住した人のなかにも興味深い現象が見られる。Uターン やIターンをしてきた人を受け入れるため、自治体のなかにはコミュニティへの参加を支援するところが増えている。親睦の場を設けたり、悩み相談を行ったりしているところも多い。ところが、せっかく地方に移住し表面的には地域の住民とのつながりができているようでも、疎外感や物足りなさを拭えず、やがてその地域を去る人が後を絶たないという。

かたや地域に定着している人たちを見ると、Uターン、Iターン仲間や地域の同業者たちが集まる仕事絡みのコミュニティに深く関わっているケースが多い。そこで互いに刺激し合って、もう一段高いレベルで地域に溶け込んでいる。当然ながらメンバーは互いに認め合うだけでなく、集まれば自慢話が飛び交い、競争意識も漂う。それが結果的に社会的欲求だけでなく、「自尊の欲求」や「尊敬の欲求」も満たしているのに違いない。要するに地域のコミュニティも、社会的欲求を満たすだけでは十分な求心力が保てないということだろう。

テレワークによって働く場所、活動のフィールドが会社の外に開かれるこれからは、フラットで開かれたコミュニティが公私両面で重要な役割を果たすようになる。そのなかで各々が自分の誇れるものを堂々と披露し、承認欲求を満たせばよい。

新たに〈活躍する場〉と〈承認される機会〉が広がれば、高い次元で働きがいとモチベーションのサイクルが回り始めるだろう。間接的な形ではあるにしろ、それが日本社会の活力向上、経済の浮揚にもつながるはずだ。

あとがき

本書の冒頭でも述べたとおり、「テレワーク」と「承認欲求」は現代日本人の職業生活を考えるうえできわめて重要なキーワードである。

私は三〇年以上前から人を動かすモチベーションの源泉として、承認欲求に注目しながら組織や働き方の研究を続けてきた。当時、世の中は「自己実現」ブームが全盛で、経営学や組織論の分野でも自己実現欲求を満たす仕組みをつくれば会社も人も成長し、共存共栄が図れると考えられていた。しかし実際に職場で周囲の人々の行動を観察し、世間の声に耳を傾けてみると、自己実現欲求よりもむしろ承認欲求が圧倒的な力を持ち、さまざまな形で人を動かしていることがわかったからだ。会社や役所などの組織で働く人たちを対象にした実証研究でも、それが裏づけられた。

ただ組織のなかで承認欲求を十分に満たそうとすると、否応なく出世争いに参加しなければならない。そこで生き残るには会社人間となって毎日遅くまで残業し、辞令一枚でどこへでも転勤するなど多くの犠牲を払う覚悟が必要だった。要するに企業社会は、犠牲を払った者だけが地位と名誉を獲得する仕組みになっており、まさに自由をとるか承認をとるかという究極の選択を迫られていたわけである。

いっぽうで私は、これからは組織に縛られない働き方が大切になると考え、四半世紀以上前からテレワークに注目してきた。キタキツネやリスが出没する札幌郊外や、バスが一日に数本しか通らない富山県の山間の村などを訪ね、テレワークをしている人にインタビューして回った（太田肇『仕事人《しごとじん》の時代』新潮社、一九九七年）。当時の日本では、最先端の仕事は都会の真ん中にある大企業でしかできないものというのが常識だったが、一流のプロが豊かな自然のなかで働く姿を目の当たりにして、大きな組織に属さなくても第一線で活躍することができることを確信し勇気がわいたものだ。

その反面、実際に各地でテレワークをしている人たちと接していても、正直なところ彼らが承認欲求を十分に満たせているとは感じられなかった。どこかにさびしさ、物足りなさが漂っていたのだ。

あれから四半世紀の歳月を経て、突然訪れたコロナ禍。その影響が長引くにつれ、多くの企業がテレワークを制度化し、また副業が解禁されるようになった。それとともに人々の意識も働き方もずいぶん変わってきた。部署の枠を越え、さらに会社の外にネットワークを広げ、活躍の場を見出す人が増えたのだ。また、これまで後回しにしてきた家族との生活や、無関心だった地域社会への関わりにも積極的になるなど、長年の課題だったワークライフバランスの実現に手が届くところまできた。

それでもまだバージョンアップしたテレワーク生活で、自由と承認のトレードオフ(二律背反)が完全に解消されただろうかという疑問は残る。

テレワークをしている人たちにリモートで取材をすると、これだけ客観的な条件が整ってきたにもかかわらず、仕事に対する情熱やワクワク感が思ったほどには伝わってこないことが多い。テレワークで仕事の活力が低下したという声もいたるところから聞かれ、その一端は意識調査にも表れている。そして在宅勤務が解除されるや否や、待ちかねていたように出社する人の姿が目についた。会社のイベントや飲み会が減ったことに対し、物足りなさを口にする人も少しずつ増えているように感じる。

一見すると申し分ないような職業生活だが、それを完結させる何かが足りない。いわば「画竜点睛」を欠いているのだ。その「竜の目」に当たるものこそ、承認欲求を高いレベルで充足させる機会ではないか。

ここで再びマズローの理論を持ち出すと、欲求階層説では社会的欲求の上に承認欲求があり、その承認欲求は「自尊の欲求」と「尊敬の欲求」に分けられる。テレワークによって家族と過ごす時間、地域の人たちと交流する機会が増え、社会的欲求や自尊の欲求は満たせるようになった。しかし尊敬の欲求を満たすには、それぞれが自分の実力や実績、あるいは人格などを認められる場が必要なのである。残念ながら、その点はこれまで深く顧みられることがなかったようだ。

テレワークの普及によって、地方移住やワーケーションなど新たな生活スタイルが広がる動きもある。それを促進し、定着させるためにも絵に描いたような理想郷をイメージするだけでなく、「見せびらかしたい」という俗っぽい欲求から目を背けていてはいけない。

「自由」と「承認」は成熟社会の職業生活において、いわば「車の両輪」のように大切なものだ。自由のない承認は無意味だし、承認のない自由はむなしい。第四章で述べたようにテレワークを利用した外部プロジェクトへの参加や副業、起業、地域貢献など、いわば「積極的テレワーク」によって自由と承認の両方を手に入れる道が目の前に開かれてきた。さらにフリーランスと雇用が地続きになる新たなステージに入れば、両者はいっそう高い水準で獲得できるようになるだろう。あとは「きれい事」では片づけられない人間の俗っぽい部分にどれだけ迫れるかだ。

コロナ禍で組織も、社会も、働き方、人々の価値観も流動的ないまこそ、またとないチャンスである。

本書の上梓にいたるまでには多くの方々にお世話になった。とりわけ執筆の機会をいただいた新潮社と新潮新書編集部の阿部正孝編集長、担当を引き継がれた大古場春菜さんには厚く御礼申しあげたい。

二〇二二年 三月

太田　肇

太田 肇　1954(昭和29)年、兵庫県生まれ。同志社大学政策学部教授。神戸大学大学院修了。京都大学経済学博士。専門は組織論。『同調圧力の正体』『「承認欲求」の呪縛』など著作多数。

Ⓢ新潮新書

947

日本人《にほんじん》の承認欲求《しょうにんよっきゅう》
テレワークがさらした深層《しんそう》

著　者　太田肇《おおたはじめ》

2022年4月20日　発行

発行者　佐 藤 隆 信

発行所　株式会社 新潮社
〒162-8711　東京都新宿区矢来町71番地
編集部(03)3266-5430　読者係(03)3266-5111
https://www.shinchosha.co.jp
装幀　新潮社装幀室

印刷所　錦明印刷株式会社
製本所　錦明印刷株式会社

ISBN978-4-10-610947-8　C0234

価格はカバーに表示してあります。